에게·그리스문명·로마제국 (지중해, '오래된 미래'를 찾아서)

현대 사회의 모든 질문에 답해주는 고대 지중해 세계의 역사

KB095107

로마 제국의 최대 영토

대서양

흑해

로마

지중해

[에게·그리스문명·로마제국] 주요 연표

BCE		
	·2700년~1100년	미노스 문명
	·1184년	트로이 멸망
	·900년~600년	그리스 왕정에서 귀족정으로 변모
	·753년~716년	로물루스 재위
	·509년	로마 공화정 시작
	·460년~445년	제1차 펠로폰네소스 전쟁
	·264년~241년	제1차 포에니 전쟁
	·149년~146년	제3차 포에니 전쟁으로 카르타고 멸망
	·73년~71년	스파르타쿠스 노예 반란
	·BCE 27년~CE 14년	아우구스투스의 원수정

CE		
	·96년~180년	오현제 시대
	·305년~337년	콘스탄티누스 대제 재위
	·313년	크리스도교 공인
	·476년	서로마제국 황제가 게르만인 용병대장 오도아케르에 의해 폐위, 서로마 멸망

에게 · 그리스문명 · 로마제국

Thinking Power Series - World History Collection 03
Ancient Mediterranean World
: In the Search of Our 'Old Future'

Written by Kim Chil-sung.
Published by Sallim Publishing, 2018.

제4차 산업혁명 세대를 위한
생각하는 힘 세계사컬렉션 **03**

지중해, '오래된 미래'를 찾아서

에게·그리스문명·로마제국

김칠성 지음

살림

'오래된 미래'를 보는 자가 미래를 개척한다

"역사란 시대의 증인이고, 진리의 빛이며, 기억의 토대이고,

삶의 스승이며, 옛 세계의 소식 전달자이다."

-키케로, 『연설가론』

역사란 그 자체로는 이미 지나간 시간의 기록이다. 하지만 로마의 정치가이자 철학자였던 키케로(Marcus Tullius Cicero)의 말대로 역사의 의미는 그 이상이다. 생생한 증인이 되어 흘러간 시간을 후세의 사람들이 기억하게 하고, 본받을 스승이 되어준다. 역사야말로 '오래된 미래'라 할 수 있는 것도 이런 이유에서이다.

- 그리스인과 밀접한 배, 포도, 그리고 돌고래
  아테네의 도기화가인 엑세키아스가 '디오니소스의 기적'을 얕은 술잔에 그렸다.

특히 고대사는 우리가 지금까지도 풀지 못한 많은 문제와 해답이 만든 현대사의 뿌리이다.

때문에 역사, 특히 고대사를 통해 현재와 미래의 문제를 해결할 실마리를 찾을 수 있다고 본다. 하지만 고대사 연구는 절대적으로 자료가 부족한 탓에 늘 수정의 가능성을 안고 있는 '미완성'이기도 하다는 사실 역시 잊어서는 안 된다.

이 책은 서양 고대사, 특히 '지중해 세계'에서 탄생한 고대 에게, 그리스와 로마를 다룬다. 이들 문명은 현재 '서구'로 부르는 유럽과 북아메리카 문화의 산실로, 르네상스 시대부터 현재에 이르기까지 다양한 분야에 영향을 미쳤다. 문학과 철학, 건축과 예술 분야에서는 그리스와 로마를 모범 삼은 많은 예들을 쉽게 찾을 수 있다.

지금까지도 서구의 중등교육기관에서는 그리스와 라틴 문학을 가르친다는 점만 봐도 그 영향력을 알 만하다. 국가·도시·정부조직·의사결정과정과 같은 정치·법률 분야의 요소들도 마찬가지이다. 로마법을 바탕으로 한 현대 법률을 사용하는 국가 중 우리나라가 포함되었다는 점에서 우리 역시 지중해 세계에서 탄생한 문명과 무관하지 않다.

이 책을 통해 우리 젊은 세대들도 지중해 문명을 돌아보며 다가올 미래를 대비할 수 있는 실마리를 찾기 바란다.

우리 대부분이 역사라 하면 곧장 한국사를 떠올린다. 이런 배경에는 한국사를 중점으로 교육하는 우리의 현실이 있지 않을까 싶다. 국가·지역·시대를 기준으로 역사를 나누어보는 것은 자연스러운 일이다. 하지만 그 가운데 어느 하나만 강조하게 되면 역사가 남긴 값진 유산을 제대로 활용하지 못하게 된다.

이런 의미에서 자칫 우리에게 먼 이야기처럼 느껴지는 지중해 역사도 우리의 역사와 미래를 바로 보는 길잡이가 되어줄 것이라 믿는다. 우리 젊은 세대가 오늘날의 국제사회를 이해하고 세계화 시대에 발맞추어 나아가는 데 이 책이 작은 밑거름이 되기를 바란다.

2018년 4월

김칠성

• 차례 •

제1장 '우리 곁의 바다'에서 '우리의 바다'가 된 지중해

제4장 작은 언덕마을에서 지중해의 주인으로 성장한 로마

제5장 **영원한 제국, 로마**
    －세계를 세 번 통일하다

아테네를 벗어나 수니온(그리스 본토에서 에게해로 가는 마지막 땅이자, 에게해에서 아테네로 가는 길에 만나는 최초의 땅)으로 가는 길은 너무나 그리스적이다. 동지중해에 있는 에게해의 찬란한 물결이 파랗게 넘실댄다. 포도주를 풀어놓은 바다! 그 해변 길을 간다.

에게해! 파란 쪽빛 하늘과 척박한 구릉이 잘 어울린다. 해마다 봄이 되면 온갖 꽃들이 예쁘게 피어난다. 가로수 오렌지나무마다 꽃향기가 바람에 휘날려서 온 아테네에 진동한다. 벌써 내 마음은 2~3월 태양이 빛나는 아테네에서 수니온 사이의 길에 있다. 아테네에 마음을 온통 빼앗겨버린다.

내 앞에 펼쳐진 에게해. 갈수록 잔잔한 바다! 이곳에 사람들이 정착한 이래로 그들은 여름 바다의 미풍을 타고 올리브·포도주·도자기를 배에 실어 날랐다. 사람들이 접근하기 쉬운 바다, 에게해는 사람들의 호수요 육교이다.

제1장

'우리 곁의 바다'에서
'우리의 바다'가 된 지중해

01

환경, 인간 생활, 그리고 역사

역사의 주체는 인간이라고 한다. 인간 스스로 자신의 역사를 만든다는 의미에서 그렇다. 인간은 서로 사회적 관계를 만들며 물질적 생산을 통해 역사를 발전시켜왔다.

하지만 역사는 인간만의 독무대는 아니었다. 인간은 자연환경에 대처하며 삶의 변화를 추구해왔다. 다시 말해서 인간의 역사는 자연환경에 큰 영향을 받으며 그것을 극복하는 과정에서 발전해왔다. 이를테면 기후의 영향으로 발생한 고대의 식량 위기는 정치적 격변이나 사회제도의 변화로 이어졌다. 자연환경과 인간 모두 어느 하나 빠질 것 없이 인간의 역사를 구성해온 두

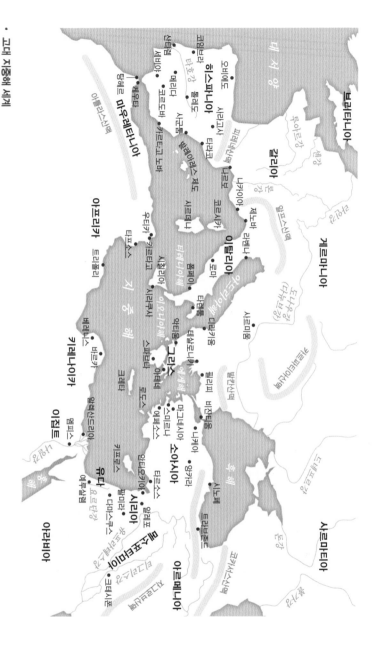

- **고대 지중해 세계**

지중해는 문명과 역사의 교차점이 되었다. 또한 종교의 타전이자 예술의 영감을 주는 곳이기도 했다. 서로 다른 문명이 새로운 문명을 만들었다.

• **오늘날의 지중해**
인간의 역사는 자연환경에 큰 영향을 받는다. 따라서 역사를 이해하려면 자연환경에 대한 이해가 반드시 필요하다. 서양 고대 문명을 알기 위해 지중해의 고유한 자연환경을 이해해야 하는 이유도 여기에 있다.

축이라고 할 수 있겠다. 따라서 역사를 이해하는 데에는 자연환경에 대한 이해가 큰 도움이 된다.

지중해 문명의 특색은 어디에서 비롯되는가

왜 이집트에서 독특한 형식의 미라가 만들어졌고 오늘날까지 남아 있을 수 있었을까? 왜 그리스에서는 폴리스가 발달하였을까? 왜 서양 고대 문명은 대리석 문화라고 불리는가? 왜 그리스와 로마에서는 야외의 문화생활을 누렸을까? 로마에서 맹수를 죽이는 검투사 경기를 즐긴 이유는 무엇인가? 왜 그리스와 로마에서는 전쟁을 주로 여름에만 하였는가? 왜 그리스에서는 여름에 역풍이 부는가? 왜 그리스와 로마에는 비가 별로 오지 않는 것 같은데 물이 풍부한가?

이런 물음에 대해 지중해가 갖는 고유한 자연환경에서 그 답을 찾을 수 있다.

02

지중해는 어떤 지리 환경의 영향을 받는가

이탈리아 노래 중에서 「바다로 가자(Vieni Sul Mar)」라는 노래는 지중해의 분위기를 잘 표현하고 있다. 우리는 이 곡의 빠른 템포와 밝은 리듬을 통해 작열하는 태양과 짙푸른 색의 지중해를 쉽게 떠올릴 수 있다.

물결 춤춘다 바다 위에서/ 백구 춤춘다 바다에서/ 흰 돛단배도 바다 위에서
바다 그 바다 끝이 없다/ 해가 서산을 넘어서 가면/ 달은 동녘에 솟아오네

크고 끝없는 그 바닷가로/ 나를 불러서 오라는 듯/ 바다로 가자

바다로 가자/ 물결 넘실 춤추는/ 바다로 가자

지중해 지역의 역사를 알아보기 전에 지중해 문명의 특색을
규정짓는 독특한 지리 환경과 기후 조건에 대해 살펴보자.

'지중해'라는 바다

아시아·아프리카·유럽의 3대륙을 접해 있는 지중해(地中海,
Mare Mediterraneum)는 말 그대로 '육지 속의 바다'이다. 고대 그
리스인과 로마인이 지중해를 보는 관점은 오늘날과 달랐다. 이
들은 지중해를 '안쪽에 있는 바다', 즉 내해(內海)라고 생각했
다. 또한 '우리의 바다'라고 불렀다. 그러다 '지중해'라는 명칭
이 본격적으로 사용된 것은 기원후 3세기 후반의 일이었다. 솔
리누스(Gaius Julius Solinus)의 책인 『기념수집물(*Collectanea Rerum
Memorabilium*)』에서 지중해라는 명칭이 사용된 것이다.

이렇게 '지중해'로 불리게 된 바다가 만들어진 것은 500만
~600만 년 전부터였다. 이때부터 너비 12.8킬로미터, 깊이
320미터인 지브롤터해협이 열리고 해수면이 높은 대서양에서
지중해로 바닷물이 폭포처럼 쏟아져 들어온 것이다. 지중해가

가득 차는 데는 수백 년이 걸렸고, 그 여파로 대서양 해수면은 10미터나 낮아졌다. 중앙에 시칠리아섬을 비롯한 수백 개의 섬이 분포하는 오늘과 같은 모습으로 지중해의 지형과 기후가 바뀐 것은 기원전 9000년경이었다.

여러 얼굴을 가진 바다, 여러 빛을 띠는 지질과 토양

지중해 경계는 북쪽으로 알프스산맥, 남쪽으로 사하라산맥, 서쪽은 대서양, 동쪽은 아라비아와 시리아 사막이다. 이렇게 넓은 범위 때문인지 시칠리아해협을 기준으로 지중해를 서부와 동부로 나누기도 한다. 지중해는 바닷길이 되어 지중해를 끼고 있는 지역들 사이에 무역과 번영의 중요한 통로 역할을 하기도 했다.

지중해는 주변이 육지로 둘러싸여 있어 달의 인력에 영향을 받는다. 때문에 조수 간만의 차이가 대체로 1미터를 넘지 않을 정도로 안정적인 수위가 유지된다. 또 겨울철을 제외하고는 파도도 잘 일지 않는다. 이런 점에서는 지중해의 번영을 도운 좋은 바닷길이라고 할 수 있다.

하지만 겨울철에는 폭풍우가 불어 급격하게 파도가 높아지고, 지진과 화산으로 해일이 발생하기도 한다. 또 범위가 넓은 만큼 지역에 따라 해류가 복잡하게 변화한다는 점은 지중해를 오가는 항해사들에게 도전이 되기도 했다.

지중해는 바닷물뿐 아니라 지질과 토양 역시 여러 얼굴을 가졌다. 석회석은 지중해 인근의 지질에 가장 널리 분포하며 두꺼운 지층을 이루며 지중해 지질의 특징이 되는 암석이다. 하지만 지중해를 두른 여러 지역에는 석회석 외에도 다양한 종류의 광물과 암석이 있다.

수은과 유황의 화합물인 진사(辰砂: 황화수은으로 된 적색 광물)는 주로 주홍색 안료로 사용되었는데, 에스파냐·토스카나·카파도키아에서 채굴된다. 진사를 녹이면 금세공에 사용할 수 있는 액체 수은을 쉽게 얻을 수 있다. 또 방수제로 사용되는 아스팔트는 사해 인근에서 채굴된다. 타르의 경우 그리스의 역사가 헤로도토스(Herodotos)가 놀라움을 금치 못할 정도였다. 천연 탄산소다는 이집트 사하라 지역에서 많이 났고 미라를 만드는 과정에서 탈수제로 사용하거나 규사와 함께 유리를 제조하는 데 썼다.

지하자원도 풍부했는데, 가장 먼저 채굴되었던 것은 금이었다. 고대의 금은 대부분 사금(砂金)인데, 그때도 '골드러시(gold rush)'는 있었다. 기원전 150년을 전후로 해서, 알프스산맥의 이브레아(이탈리아 북서부 피에몬테 주에 있는 도시)에서 로마인 금 채굴업자들이 몰려들어 몇 년 만에 금이 고갈되어버릴 정도였다. 은의

- **광산 노예(왼쪽)**
  광산 노예는 노예 주인에게 막대한 이익을 확보해주었다. 이들의 몸은 밤낮으로 광산과 갱도에서 혹사 당했다. 은광의 노동환경은 최악이었다.

- **아테네 4드라크마 은화(오른쪽)**
  아테네의 전성기인 기원전 5세기(기원전 454~기원전 404년경 발행)에 통용된 은화이다. 아테네 은화는 페르시 아 은화와 더불어 당시에 가장 공신력 있는 화폐였다.

경우는 에스파냐에서 대량 채굴되었다. 그리스인은 아티카반도 남쪽의 대규모 광산이었던 라우리움 은광에서 풍부한 은을 채굴 하여 은화를 만들었다. 올빼미 무늬 은화는 아테네의 번영을 그 대로 보여준다.

팔방미인의 나라 그리스

그리스는 이러한 변화무쌍한 바다와 다채로운 토양으로 이루 어진 지중해 자연환경의 영향을 받으면서 발전한 나라라 할 수 있다. 이런 환경이 그리스인의 진취적이고 다재다능한 기질을 만들었다.

그리스는 근본적으로 농업 국가였다. 석회암의 토양은 그리 비옥하지는 않았지만 배수가 잘되어 과수 재배에 적합했기 때문이다. 그리스 땅은 산맥과 해안으로 세밀하게 나뉘어 있어 사람들이 각 지역에서 자급자족해야 했던 점도 농업 국가가 된 이유였다. 이 때문에 전 지중해에 걸쳐 개척한 식민시(植民市)들도 농업 식민시였다. 물론, 일부 폴리스는 상업 도시로 발달한 경우도 있었다. 하지만 그러한 경우가 빈번한 것은 아니었다.

동시에 그리스반도와 소아시아 사이에 있는 에게해는 지중해 지역에서도 특히 파도가 잔잔할 뿐만 아니라 무수한 섬들이 사이사이에 분포하여 항해하기에 쉬웠다.

그리스의 자연환경이 이러하니 생업도 다양하였고 생활도 다면적이었다. 한 사람이 어업·농업·수공업 등 두세 가지 직업을 가졌다. 이런 그리스의 풍토는 그리스인의 다면적인 성격 형성에 영향을 주었다. 그리스 신화에서 다른 민족의 신화에 나타나는 신들의 대립이 없을뿐더러, 하나의 신이 여러 가지 직능을 갖는데 바로 이런 이유에서일 것이다. 오디세우스와 같은 영웅의 모습에서도 이런 다면성이 나타난다. 그리스인은 무슨 일이든지 한 가지만 잘하는 것보다는 다방면에서 뛰어난 만능인을 이상적으로 여겼다.

03

지중해는 어떤 기후 환경의 영향을 받는가

지중해는 고대의 여러 서적에 '유쾌하고 건강에 좋은 지역'이라 표현되었다. 일례로, 의학의 선구자인 히포크라테스(Hippocrates)는 그의 저서 『공기, 물, 지형적 위치(De'Aere, Aquis et Locis)』에서 기후·계절풍·식수·지형이 인간의 체격·기질·지성, 그리고 그곳에 살고 있는 사람들의 문화에 영향을 준다고 주장했다. 이어 이런 조건을 갖춘 지중해는 살기 좋은 곳이라는 점을 역설했다.

겨울은 서늘하고 습하지만, 여름은 덥고 건조하다

대부분 지중해 지역은 겨울에 해당하는 달에는 가장 습하지만, 건조하고 더운 계절은 5월부터 10월까지 계속된다(5~10월 건기, 11~4월 우기). 보통 그리스에서 5월 1일을 '여름의 첫날'이라고 부르는 것도 이런 이유에서이다. 6월에서 9월 사이 지중해 지역에는 비가 거의 오지 않는다.

때문에 항해와 군사 작전은 주로 여름에 이루어진다. 야외 경기장, 야외 장터, 지붕 없는 극장, 제단이 밖에 있는 신전, 안뜰이 중앙에 있는 집 등에서 알 수 있듯이 그리스인과 로마인은 야외 생활을 즐겼다. 그런데 이는 덥고 건조한 지중해 기후와 무관하지 않다. 또한 지중해 지역은 청명한 햇빛으로 유명하기에 다른 지역에서는 좀처럼 볼 수 없는 윤곽이 뚜렷한 그림자를 볼 수 있다. 길고 모서리가 둥근 홈으로 장식된 기둥이나 양각의 조각품 등으로 대표되는 그리스 양식은 이런 질 좋은 일광에 영향을 받는다.

이처럼 지중해 지역은 온화한 해양성 기후로 인해 포도·올리브·무화과 등 과수 재배가 발달했지만, 곡물 생산은 부족한 편이었다. 이런 환경에서 인구가 증가하니 농사에만 기대어 살 수 없었다. 그래서 일찍부터 1,000개나 되는 섬을 오가면서 어업과 상업에 종사했다. 풍부한 어장과 다양한 무역로를 통한 다른 문명과의 교류는 자유로운 사고와 개방적인 문화 발전으로 이어졌

• 그리스 전역에 펼쳐진 올리브 밭

신화에는 아테나 여신과 바다의 신 포세이돈의 내기 이야기가 나온다. 두 신은 각자가 생각하기에 생활에 더 요긴한 것을 내놓은 쪽이 이기는 내기였다. 포세이돈은 말을, 아테네는 올리브를 내놓았는데, 승리는 아테나의 것이었다. 이 내기로 얻은 도시가 바로 지금의 아테네였다.

다. 특히 미노스 문명권에서는 경제 활동에서 상업과 도시의 역할이 압도적이었다. 따라서 상대적으로 대규모 노동에 필요한 강력한 왕권이나 전통을 고수하려는 종교적인 억압도 미약할 수 있었다.

04

지중해에는 어떤 자연재해가 일어나는가

얼마 전까지만 해도 지진은 우리에게 낯선 일이었다. 물론 한반도에서도 지진 기록은 수차례 있었다. 오늘날에도 지진은 종종 일어나고 있다. 그럼에도 우리가 상상하기 어려웠던 일이 얼마 전 일어났다.

2017년 11월 15일 오후 2시 29분, 경상북도 포항시 북구 북쪽 6킬로미터 지점, 5.4 규모의 강진으로 '대학수학능력시험'이 연기된 것이다. 당시 교육부 장관은 포항 지역의 수능 시험장 총 14개 학교를 모두 조사하여 포항고·포항여고·대동고·유성여고 등 다수 시험장과 예비 시험장 건물에 균열이 생긴 것을 확인하

고, 학생들의 안전을 고려하여 시험을 일주일 연기하기로 결정
했다.

우리 사회에서 수능 시험이 가진 무게감을 생각하면 이 일은
지진이라는 자연재해가 얼마나 우리에게 가까이 왔으며, 얼마나
심대한 영향을 미치는지를 여실히 보여주는 사건이다.

그렇다면 지중해 지역은 지진과 같은 자연재해에 어떠한 영향
을 받아왔을까?

빈번히 폭발했던 화산

지중해 지역의 경우는 지진뿐만 아니라 화산이 많고, 그 가운
데는 현재까지도 빈번하게 활동하는 화산도 적지 않다. 에게해
의 멜로스섬과 렘노스섬처럼 잠재적으로 화산 활동의 가능성이
있는 화산섬도 있다. 이 섬들 중에서도 산토리니섬은 미노스 시
대에 있었던 강력한 화산 폭발로 유명하다. 화산 폭발로 원추형
섬의 정상부가 완전히 날아가버리고 분화구는 바닷물로 채워졌
다. 이 화산 분출로 인해 미노스 문명이 멸망했다고 주장하는 학
자들이 있다. 이런 입장은 오늘날 널리 인정받고 있기 때문에 주
목할 만하다.

3,340미터의 시칠리아섬의 에트나 화산은 지중해 지역에서

가장 높은 화산이다. 로마의 히드리아누스 황제를 비롯한 많은 사람이 산 정상에서 밤을 새우다가 일출을 보았다고도 전해진다. 에트나 화산은 명성만큼이나 화산 분출도 잦았는데 이때 이 화산 분출물들이 오랜 기간 농경에 적합한 비옥한 토양을 만들어주었다. 시칠리아섬 북쪽의 리치디제도는 화산섬들로 이루어져 있는데, 그중 하나인 불카노섬의 이름은 불의 신인 불카누스에서 따온 것이다.

05

베수비우스 화산은 어떻게 폭발하였는가

나폴리만 주변에는 과거에도 화산 활동이 왕성했다는 증거들이 있다. 고대 전설에 따르면 이곳은 지옥의 신들이 활동한 지역으로 전해질 정도였으니, 그 위력을 가히 짐작할 수 있다.

특히 캄파니아평야에는 화산 활동이 잦았는데, 그중에서도 기원후 79년 8월 24일 베수비우스(지금의 베수비오) 화산 폭발은 유명하다.

소(小) 플리니우스가 그 상황을 기록한 것이 로마의 역사가 타키투스에게 보낸 편지로 전해진다. 이 기록은 마치 긴급하게 전하는 뉴스처럼 생생하다. 트라야누스 황제(재위: 98~117)의 친구인

• **폼페이 유적지에서 바라본 베수비오 화산**
나폴리에서 6킬로미터 정도 떨어져 있으며 나폴리만과 가깝다. 기원후 79년 화산 활동으로 폼페이와 헤르쿨라네움이 파괴된 것으로 유명하다. 그리스 신화에서 헤라클레스의 활동 무대 중 한 곳이며, 산 아래 헤르쿨라네움이라는 도시가 건설되었다.

소 플리니우스는 로마 미세눔 주둔 해군 함대 사령관인 대(大) 플리니우스의 조카였다. 이 편지 속에는 자연사 기록과 자연과학 부문에 이바지했던 대 플리니우스의 죽음, 그리고 공포에 질린 소 플리니우스의 어머니와 사람들의 모습이 절절하게 표현되어 있다. 더욱이 발전한 도시였던 폼페이가 화산재·화산석·화산가

스에 뒤덮이고 지진으로 인해 사라지는 모습이 적나라하게 기록되어 있다. 뒤로는 편지의 내용 중 화산 폭발을 묘사한 내용만 간추려 소개해본다.

화산 구름이 솟아오르고 화산재가 떨어지다

기원후 79년 8월 24일, 이른 오후였다. 어머니는 숙부(대 플리니우스)께 크기와 모양이 심상치 않은 구름 한 점을 보라고 말씀하셨다. 숙부께서는 그 구름을 제일 잘 볼 수 있는 높은 곳으로 올라가셨다. 거리에서는 그 구름이 어느 산에서 솟아오르는 것인지 보이지 않았다.

구름의 전반적인 모양은 마치 우산이나 소나무 같았다. 구름은 나무줄기처럼 기둥을 이루어 아주 높이 올라갔다가 가지가 갈라지듯 퍼져 내렸다. 처음에는 폭발력으로 솟구쳐 올라가다가 압력이 줄어들면서 위로 버텨 올라가는 힘은 사라지고, 자체 무게를 견디지 못하고 내려오다가 주변으로 흩어져서 차츰 희미해진 것 같다. 흙과 재가 포함된 양에 따라 하얗게 보이는 곳도 있고, 얼룩져 지저분하게 보이는 곳도 있었다.

화산석이 섞인 화산재가 마구 떨어지다

화산재는 벌써부터 떨어지고 있었고, 더욱 뜨거워지고 또 빽빽해졌다. 뒤를 이어 화산석과 불길에 그을리고 금이 간 돌멩이가 떨어지기 시작했다. 이런 와중에 갑자기 배는 얕은 바다로 들어가 있었고, 해안은 산에서 쏟아져 나온 암석으로 막혀 있었다.

화산이 폭발한 베수비우스 산에는 불길이 넓게 퍼지거나 높이 솟은 곳도 있었다. 이런 장면은 어두운 밤을 배경으로 강렬하게 드러났다. 방에서 이어지는 앞마당에는 화산석이 섞인 화산재가 자꾸 쌓여서, 방 안에 더 있었다가는 나오지도 못할 뻔했다.

화염과 유황 냄새가 덮쳐오고, 모든 물건이 뒤집히는 것 같다

마치 기둥이라도 뽑힐 듯 건물 자체도 거센 충격에 마구 흔들리고 있었다. 건물 바깥에는 화산석 덩어리가 마구 떨어져서 위험했다. 떨어지는 화산석들로부터 몸을 보호하기 위해 머리에 베개를 하나씩 이고 천으로 묶었다.

그때 불길의 접근을 예고하는 화염과 유황 냄새가 덮쳐왔고, 사람들은 일제히 피하기 시작했다. 앞서 며칠 동안 땅의 진동이 있었지만 캄파니아 지방에서는 흔한 일이었으므로 특별히 경각심이 들지 않았다. 그런데 그날 밤은 진동이 유난히 심해서 그저 물건이 흔들리는 정도가 아니라 전부 뒤집어져버릴 것 같았다.

이제는 새벽녘이 되었지만 하늘빛은 여전히 흐리고 어두웠다. 주변의 건물들이 들썩대기 시작했는데, 우리가 앉아 있던 정원은 너무 작아서 건물이 무너질 경우 실질적인 위험을 피하기가 어려웠다. 그래서 결국 도시를 벗어나기로 결정했다. 공포에 질린 사람들, 자신의 결정보다 남의 결정에 따라 움직이려는 군중들이 우리 뒤를 따랐고, 빽빽한 군중에 밀려 우리는 발걸음을 더 재촉하지 않을 수 없었다.

건물을 벗어나 걸음을 멈췄는데, 거기에서 우리는 기이한 현상에 놀라지 않을 수 없었다. 우리가 분명 평평한 땅에 두었던 수레들이 이리저리 제멋대로 굴러가는 것이었다. 돌을 괴어놓아도 소용이 없었다. 바닷물도 지진의 힘에 밀려나듯, 쑤욱 빠져나가는 것이 보였다. 바닷물이 해안에서 멀리 빠져나가자 많은 바다 동물들이 마른 모래밭에 널려 있었다.

모든 사물이 재 속에 깊숙이 파묻히고 온 세상이 달라지다

육지 쪽에서는 삼지창 모양으로 꿈틀대는 불길로부터 무시무시한 연기 기둥이 솟아올랐다. 헤쳐질 때마다 거대한 혓바닥처럼 날름대며 불길을 드러내는 것이 마치 번갯불을 확대시켜놓은 것 같았다.

　예상보다 빨리 화산재가 떨어지기 시작했지만 아직은 그리 심하지 않았다. 몸을 돌려 바라보니 짙은 검은 구름이 우리 뒤를 덮쳐오고 있는데, 이는 마치 홍수가 대지를 휩쓸듯 퍼져오고 있었다. 우리가 막 자리를 잡고 앉아 쉬려 할 참에 어둠이 닥쳤다. 그런데 별과 달이 없는 밤의 어두움이 아니라 막힌 방 안에 불을 끈 것과 같은 암흑이었다.

　어디선가 빛 한 줄기가 내려왔지만 우리는 이것을 햇빛이라 생각하기보다는 불길이 닥쳐오는 것이라고 생각했다. 그러나 불길은 멀리 떨어진 곳에 머물러 있었다. 그러고는 다시 암흑이 덮치고 화산재가 또 떨어지기 시작했는데, 이번에는 억센 소나기처럼 쏟아졌다. 우리는 이따금씩 몸을 일으켜 화산재를 털어냈다. 그러지 않았다면 그 밑에 파묻히고 짓눌려 으깨졌을 것이다.

　연기나 구름이 걷히듯 마침내 암흑이 옅어지다가 스러졌다. 그리고 진짜 햇빛이 나타나 해를 볼 수 있게 되었지만, 일식 때처럼 누런빛이었다. 모든 사물이 눈보라에 파묻히듯이 재 속에 깊숙이 파묻혀 온통 달라진 풍경을 보며 우리는 두려움에 떨었다.

　이 편지 속 내용을 통해서 베수비우스 화산의 폭발 과정을 짐작할 수 있다. 화산 폭발로 인해 화려했던 도시 폼페이는 사라졌다. 그렇지만 이 도시가 어떻게 역사의 그늘에 덮였는지에 대해서는 소 플리니우스가 전하는 생생한 묘사로 잘 알 수 있다.

기원후 64년 로마 대화재 시 네로는 어떻게 대처했는가

로마의 네로 황제(재위: 54~68) 하면 보통 광기 어린 폭군 이미지를 떠올린다. 특히 기원후 64년 7월 18일 밤, 로마에서 대화재가 일어났을 때 네로는 어떻게 했는가? 우리에게 익히 알려진 네로에 관한 사실은 다음과 같다. 로마 시민을 보호해야 할 황제가 도시에 불을 지르고, 심지어 불타는 로마를 보면서 리라를 연주하면서 노래를 했다는 것이다. 그가 정말 그랬다면 인간이 아니라 악마가 아닐까.

대화재는 9일 동안 도시 로마를 휩쓸었다. 로마의 14개 구역 중 4개 구역만이 화마를 피할 수 있었다. 피해를 본 11개 구역 중 3개 구역은 그 피해가 극심했다.

그런데 네로가 방화를 하지 않았다는 정황 증거가 여러 곳에서 발견된다. 먼저, 네로는 화재 당시 로마에 없었다. 로마 인근

도시인 안티움에 있던 그는 위급한 소식을 듣고 급히 귀경했다. 무엇보다 이재민 구호 활동에 혼신의 노력을 다했다. 이재민에게 자신의 숙소를 임시 숙소로 제공하고 공공건물도 개방했다. 곡물을 안정적으로 공급하였고, 시장의 곡물 가격을 인하했다.

둘째, 화재 당일 밤은 여름인데다 보름달이 뜨는 날로 불을 지르기에는 적기가 아니다. 당시 도시 로마에는 인구가 급증함에 따라 인술라(insula: 다층식 공동주택)가 난립하였는데, 화재에는 거의 무방비나 다름없었다. 도시 로마는 화재가 빈번하기로 유명한데, 대화재도 이런 화재 중 하나였을 것이다.

셋째, 당일 화재의 발화 지점은 네로가 기거하던 황금 궁전(Domus Aurea)과 거리가 멀었다. 또 화재로 소실된 연결 궁전은 그가 특별히 애착을 갖던 곳이었다.

국가의 지도자는 재난이 닥치면 바로 대처하는 것이 당연하다. 네로도 그랬을 것이다. 이제 네로에 대해 가졌던 오해나 편견을 버리고 그의 진면목을 보자. 그러면서 한편 지금 우리의 모습은 어떠한가도 잘 생각해보자.

세계사 바칼로레아

아크로폴리스와 파르테논은
문화재 이상의 가치가 있다

그리스의 민주정을 완성한 페리클레스(Perikles)는 델로스 동맹의 금고를 아테네로 옮기고 그 돈을 유용하여 파르테논을 만들었다. '처녀신의 방'을 뜻하는 파르테논은 아테네의 수호 여신인 아테나의 신전으로 지어졌다. 지어진 당시부터도 화려함과 위엄을 뽐내던 건물이었지만 그 아름다움은 지금까지도 건재하다.

그리스는 아크로폴리스와 파르테논 덕에 먹고산다는 말이 있다. 수많은 관광객의 행렬이 여전한 위용을 증명해준다. 파르테논 앞에 서면 수많은 찬사와 함께 "이런 건물을 짓는 데 얼마나 많은 사람이 고생했을까!" 하는 이야기가 들리기도 한다.

파르테논 앞에 선 사람들의 감동이 이렇게나 큰 것은 교과서나 수업에서 느낄 수 없는 역사 현장의 생동감 때문일 것이다. 그리고 그 생동감을 만든 것이 바로 아크로폴리스와 파르테논이 직접 겪어낸 세월과 역사가 아닐까 한다.

아크로폴리스가 있던 장소에서는 기원전 6000년경의 신석기가 발견되기도 했고, 기원전 1300년경의 미케네 성벽의 흔적이 발견되기도 했다. 아크로폴리스와 파르테논 이전에도 이곳은 중요한 역사적 장소였다.

아크로폴리스와 파르테논이 지어진 그리스 시대부터 지금까지 이곳은 굳건한 문화재 이상의 역사 현장이었다. 아크로폴리스는 그리스 시대부터 침략과 전쟁으로 여러 차례 파괴되었고 반복적으로 재건되었던 이력이 있다. 그런 와중에 파르테논은 신전이 아닌 터키의 화약고로 사용되기도 했고, 다시 베네치아의 포격으로 파괴되기도 했다.

이런 부침들이 아크로폴리스 일대를 대부분 박물관으로 만든 것이다. 이 지역에서는 건물·땅·돌 조각 모두 문화재가 아닌 것이 없을 정도이다. 그러니 박물관의 어마어마한 문화재는 그냥 스쳐보기에도 버거울 정도이니 더 말할 것이 있겠는가?

하지만 제국주의자들은 아크로폴리스의 유산을 그냥 두지 않았다. 현재 영국박물관(British Museum)에는 파르테논의 조각상과 부조를 비롯한 중요한 문화재들이 대량으로 소장되어 있다. 오스만 튀르크 주재 영국 대사였던 토머스 엘긴은 대사 재임 기간

• **파르테논 신전의 야경**
　그리스 민주정의 대부인 페리클레스는 델로스 동맹의 금고를 아테네로 옮기고 그 돈을 유용하여 파르
테논 신전을 만들었다. 기록에 따르면 파르테논 신전은 화려한 치장을 하였으면서도 엄숙·위용·위엄을
갖추었다고 한다.

(1801~1803)에 그리스 문화재를 조사하고 그리스를 지배했던 오
스만 튀르크의 묵인 아래 문화재를 영국으로 반출하였다. 영국
정부는 이후 이것들을 엘긴으로부터 사들여 '엘긴 마블스(Elgin
Marbles)'로 이름 붙여 전시했다.

　현재 그리스 정부는 영국에 문화재 반환을 줄기차게 요구하고
있다. 그리스의 영화배우인 멜리나 메르쿠리는 다음과 같이 말
했다.

　"내가 죽기 전에 그 대리석들이 아테네에 돌아오는 것을 보고

싶다. 그러나 그것들이 내가 죽은 후에 돌아온다면, 나는 다시 태어나리라."

열렬하게 추진된 문화재 반환 운동의 일면을 엿볼 수 있는 외침이다.

지금까지도 건재한 아크로폴리스이지만, 많은 번영과 쇠락의 역사 속에서 현대의 역사와 공명하고 있었다는 것도 놓쳐선 안 될 일이다.

에게 문명은 문명 전파자로서의 역할을 잘해냈다. 오리엔트 문명은 기원전 18세기경 지중해 지역에 전해졌다. 이 문명을 그리스로 전달하는 다리와 같은 역할을 한 것이 바로 에게 문명이었다. 즉, 에게 문명은 이집트와 메소포타미아의 문명을 그리스에 전해주는 문명 전파자이자 중개자였던 셈이다.

크레타인은 제18왕조, 제19왕조의 이집트·시리아·팔레스타인 등과 교역했는데, 이집트의 파피루스 문서와 벽화에 크레타인에 대한 기록이 있을 정도이다. 에게 문명은 동부 지중해의 크레타섬, 그리스 본토의 펠로포네소스반도 아르고스에 있는 미케네와 티린스, 메세니아에 있는 필로스와 소아시아의 트로이를 연결하는 삼각형을 이루는 지역을 중심으로 번영했다. 따라서 에게 문명의 문명 창조자 활동뿐만 아니라 문명 중개자로서의 활동에도 관심을 가져보자.

제2장

문명의 전달자
- 에게해에서 꽃핀 에게 문명

01

크레타섬에서 피어난 미노스 문명

'서양 고대사'라 하면 주로 그리스와 로마를 다루고 마무리하는 경향이 있다. 이런 점은 바뀌어야 한다. 크레타섬에서 생겨난 미노스 문명의 고유한 가치 때문이다. 미노스 문명은 그리스 - 로마 이전부터 존재했고, 지속 기간은 3,000년이 넘는다. 또 이후에 그리스 본토에서 발흥한 미케네 문명과 그리스 문명에까지 영향을 미친다. 이런 이유에서 결코 가볍게 볼 수 없는 깊이가 있다.

에게 문명은 두 단계로 구분된다. 첫 번째, 크레타섬을 중심으로 기원전 3000년~기원전 1400년까지의 미노스 문명(크레타 문명)이다. 두 번째, 기원전 1400년~기원전 1200년 사이 그리스 본

• 왕비의 방에 있는 돌고래 벽화

크레타 크노소스 궁전에서 나온 프레스코화이다. 해양 문명을 상징적으로 나타낸다. 지금도 크레타에서는 이 돌고래 문양을 사용하고 있다.

토의 미케네와 티린스 또는 소아시아의 트로이 중심으로 발전한 미케네 문명이다. 미노스인과 미케네인 모두 근동과 폭넓게 교류했고 농업·야금술(冶金術)·건축·미술에서 두각을 드러냈다.

호메로스(Homeros)가 크레타섬에 대해 읊은 아래의 시는 미노스 문명이 얼마나 부강했는지를 짐작하게 한다.

포도주 빛 바다가 아름답고 비옥한,

사방이 바다로 둘러싸인 크레타라는 섬이 있다.

그 섬에는 셀 수 없이 많은 사람들이 살고, 90개 도시가 있다.

그곳 사람들은 다양한 말을 한다.

크노소스는 크레타의 부강한 도시 중 하나이다.

그리고 미노스라는 왕이 있어서,

9년에 한 번 제우스의 신탁을 받는다.

-호메로스, 『오디세이아』

신화 속 왕의 나라, 미노스 문명이 탄생하다

신화에 따르면 크레타의 왕 미노스는 소로 변신한 제우스와 페니키아의 공주 에우로페 사이에 태어났다. 미노스 문명이란 이름은 여기서 비롯되었다. 이 문명은 미노스 왕이 기원전 1700년경 크레타섬 전체를 장악하여 지중해 최강의 해군 국가로 성장한 이래로 기원전 1400년경까지 약 300년 동안 번영하였다.

대규모 농업으로 발전의 기반을 닦은 크레타는 미노스 왕의 활약으로 에게해 전역에 걸친 해상 제국으로 자리 잡았다. 한때는 이집트에 사신을 보낼 정도의 국제적 위상을 갖추고 아시아와 이집트까지 도자기와 귀금속을 수출하기도 했던 교역의 강국이었다. 미노스 문명의 성과는 미케네 문명으로 전해졌다.

고고학자 슐리만(Heinrich Schliemann)은 터키에서 트로이 유적

• **아서 에번스 흉상**

에번스의 열정과 헌신이 아니었더라면 크노소스는 영원히 신화 속의 이야기로 묻혀버릴 뻔했다. 1898
년 크노소스 왕궁을 발굴하기 시작한 그는 이후 그곳에 머물면서 왕궁과 왕궁 벽에 그려진 벽화를 복원
했다. 고고학에서 세운 공로를 인정받아 1911년 그는 기사 작위(Knight Bachelor)를 받았다.

을 발굴하면서 세계적인 관심을 한 몸에 받았다. 미노스 문명을

발견한 에번스(Sir Arthur John Evans)도 그와 동시대를 살았던 고고

학자이다. 슐리만은 역시 크노소스 궁전 유적지에 주목하고 있

었지만 발굴로 이어가지는 못했다. 그런데 슐리만의 발굴에 큰

자극을 받은 에번스가 이 유적을 발굴한 것이다. 1,900년이라는

긴 세월 동안 베일에 싸여 있던 미노스 문명이 세상에 드러나게

된 순간이었다.

에번스는 1898년 이래로 여러 차례의 측량과 고증을 통해 크노소스 지역을 발굴하기로 작정하고, 3년간 각고의 노력 끝에 마침내 미노스 왕의 크노소스 왕궁을 발굴했다. 그는 유적지 옆에 집을 짓고 살면서 20여 년 동안 궁전 연구와 크레타 문명 연구에 헌신했다.『크노소스에 있는 미노스 왕의 궁전』이라는 네 권의 책이 연구의 결과물이었다. 현재 크노소스 궁전 유적지 입구에는 이런 에번스의 업적을 기리는 흉상이 서 있다.

풍요로운 땅과 축복받은 바닷길, 크레타섬의 자연환경

의학의 아버지로 불리는 히포크라테스가 병을 치료하려면 크레타로 가라고 권할 만큼, 크레타는 온화한 해양성 지중해 기후로 유명하다. 크레타섬은 기후뿐 아니라 토양과 해로 등 오래전부터 '축복받은 땅'으로 불릴 만큼 좋은 자연환경을 가지고 있다.

미노스 문명의 주 무대가 바로 이 크레타섬이다. 소아시아와 그리스 사이에 있는 에게해에는 484개의 섬이 있고 그중 가장 큰 섬이 크레타섬이다. 섬의 전체 길이는 약 250킬로미터, 너비는 12~60킬로미터이다. 면적은 약 8,300제곱킬로미터에 달한다. 우리나라의 제주도 면적이 1,849제곱킬로미터이니 제주도의 4.5배 넓이에 해당한다.

섬에는 큰 산맥이 세 개나 있어 항해를 하는 선원들의 지표가 되곤 했다. 또한 넓은 평야와 길지 않은 강이 흐르는 크레타는 농사에 적합한 매우 기름진 땅을 가졌다. 올리브유·밤·버찌·아몬드·호두·건포도·포도주·치즈 등이 주산물이다. 크레타는 온화한 기후와 기름진 땅 덕분에 농작물이 많이 생산되면서 인구가 늘어났다. 그런데 정작 크레타인은 경작 면적이 한정되어 수출품을 팔기 위해 애썼다. 그 결과 이들은 번영하였고 주변 문명 세계와 폭넓은 접촉을 통해서 선진 문물을 받아들였다.

아테네의 피레우스 항에서 크레타의 이라클리온 항까지는 280킬로미터나 떨어져 외딴섬처럼 보이지만, 이곳은 지리적으로 매우 중요하다. 유럽·소아시아·아프리카의 한가운데 있어서 교통·문화·무역의 중심지이기 때문이다. 그래서 여러 민족이 이곳을 차지하기 위해 다투기도 했다.

크레타인은 작은 배로도 이집트와 그리스로 갈 수 있었다. 이런 지리적 이점을 잘 살려서 크레타인은 일찍부터 무역에 힘을 기울이게 되었고, 그 결과 인구 증가와 경제 성장을 이루었다.

미노스 왕은 기원전 1406년 법을 제정하였으며 현명하고 절도 있는 정의의 입법자·공정한 판관·바다의 위대한 지배자로서 도시의 번영을 이끌었다. 호메로스의 『오디세이아』에는 크레타

마케도니아

일리리아

헤라클레아

보스포루스 해협

흑 해

에데사
펠라
아폴로니아
아브데라
트라케
다르다넬스 해협
비잔티움

발 칸 반 도
피드나
시모트라케
마르마라해

베로이아
타소스
아비도스
키지코스

디온
트로이

테살리아
렘노스

라리사
스코펠로스
에 게 해
소아시아

암브라키아
헤라클레아
오레우스
레스보스

레우카스
델포이
에우보이아
키메
마그네시아
리디아

칼리돈
칼키스

케팔레니아
아카이아
보이오티아
에레트리아
키오스
에리트라이

올림피아
코린토스
아테네
안드로스
에페소스

자킨토스
아르고스
밀레토스
카리아

펠레폰네소스반도
트로이젠
델로스
낙소스
리키아

메세네
세리포스

스파르타
코스

기테온
에피다우로스
라코니아
보이아이
멜로스
로도스

크레타섬

크노소스

지 중 해

- **에게해와 크레타섬**

에게해는 그리스와 소아시아, 크레타섬에 둘러싸인 바다이다. 에게해는 1,400여 개의 많은 섬이 있는 바다로 유명하다. 그중 가장 큰 섬이 크레타이다.

섬에 90개의 도시가 있었다 하고, 『일리아스』에는 100개의 도시가 있었다고 기록되어 있다. 번성한 도시들 가운데에도 크노소스를 중심으로 10만 명 정도 살았을 것으로 보인다. 발굴자인 에번스 역시 이곳의 인구를 8만 2,000명으로 추정하였다.

아리스토텔레스는 미노스 왕의 제해권 장악 또한 크레타의 지리적 이점과 밀접한 관련이 있다고 보았다. 전설에 따르면 미노스 왕은 해군을 조직하여 에게해를 장악한 최초의 인물로 알려져 있다. 그는 소아시아 남부의 주민이었던 카리아인을 물리치고 해적을 소탕하여 항해의 자유를 보장했다. 그러고는 자신의 아들들을 여러 섬에 파견하여 식민 통치를 하도록 했다. 결과적으로 미노스 왕은 지금의 그리스 해역 전역에 해당하는 키클라데스 제도의 지배자가 되었다.

기원전 1800년경 번성기를 맞이했던 크레타는 동지중해의 해상권과 무역권을 독점을 바탕으로 다음 세기에는 통일 왕국을 만들어 완연한 전성기를 맞았다.

미노스 문명의 보고(寶庫), 크노소스 궁전

크노소스 궁전은 크레타 문명의 정치적·종교적·경제적 역량을 느낄 수 있는 곳이다. 궁전 건물의 면적은 22제곱킬로미터이

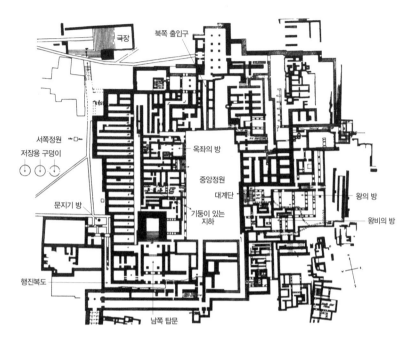

그림 내 라벨:
- 극장
- 북쪽 출입구
- 서쪽정원
- 저장용 구덩이
- 옥좌의 방
- 중앙정원
- 대계단
- 왕의 방
- 문지기 방
- 기둥이 있는 지하
- 왕비의 방
- 행진복도
- 남쪽 탑문

- **크노소스(Knossos) 궁전 정면도**

  고대 오리엔트의 전체주의 건축에서 그리스 본토의 개인주의 건축으로 이행하는 형태를 보여준다. 전체 건물 중 실질적인 핵심인 직사각형의 중심 궁정 주변에 4개의 날개가 정렬되어 있다. 동쪽 날개에는 주거지역과 작업장, 사당을 포함하고 있다. 서쪽 날개에는 커다란 저장단지가 있는 저장실과 사당, 저장고, 왕좌의 방, 그리고 위층에 연회장이 있다.

고, 길이는 동서 170~180미터, 남북 160~170미터이다. 궁전 규모로 판단할 때, 약 3만 명이 궁전 안팎에 살았을 것으로 보인다.

궁전 중앙에는 길이 약 60미터, 너비 약 30미터 되는 정원이 있다. 이곳을 사이에 두고 동궁과 서궁으로 나뉜다. 이 두 궁은 크기와 높이가 다른 복도·로비·계단으로 연결되어 있다. 복도는 복잡하게 엮여 있고 여러 갈래로 길이 나 있다. 3층이나 4층으로 된 구조에 왕의 방·성소·주방·창고·작업실 등 네 부분으로 나뉘어 있다. 방은 1,400~1,500개에 달한다. 이 방들 중 가장 유명한 것은 역시 왕의 방이다. 미궁이란 별칭에 걸맞게 많은 침실이 복잡하게 배치되어 있어 길을 잃기 쉽다.

궁전의 기둥들은 붉은색이며 아래쪽보다 위쪽이 더 굵은 형태이다. 궁전 벽에는 채색 프레스코화들이 그려져 있는데, 감각적이면서도 세련되었다. 보물 창고에는 문자가 새겨진 수천 개의 도자기 파편이 나왔다. 황소 부조·황금 컵·포도주 항아리(암포라)·석재 왕좌·수세식 화장실 등도 유명하다.

미노스 문명은 왜 멸망했을까

미노스 문명은 기원전 1450년경 멸망을 맞는다. 멸망 원인에 대해서는 여러 의견이 있다.

지진과 화재를 그 이유로 보는 견해가 첫 번째이다. 크레타 북쪽으로 120킬로미터 지점에 있는 산토리니섬의 화산 폭발이 원인이 되었다는 설이다. 그러나 이 화산 폭발로 큰 타격은 받았으나 그 자체가 멸망의 직접적인 원인은 아니라는 견해도 있다.

- **티라(산토리니)에서 발견된 프레스코화(기원전 1500년경)**
기원전 1450년경 크레타섬 북쪽에 있는 테라(현재 티라)에서 화산이 폭발했다. 이 폭발로 테라의 도시들은 치명적인 피해를 입었다.

대신에 인위적인 파괴, 즉 외부 민족에 의한 파괴를 원인으로 보는 주장이 또 한 가지 견해이다. 한편 미노스 문명은 크레타인이 서쪽의 펠로폰네소스반도로 이주하면서 쇠퇴되었다는 주장도 있다.

여러 주장에도 불구하고 현재는 그 원인을 단지 추측만 할 뿐이다. 여러분은 그 원인을 밝혀보고 싶지 않은가?

02

호전적인 미케네 문명이
펠로폰네소스반도에서 성장하다

미케네 문명은 기원전 1900년경 그리스반도로 침입해온 초기 그리스어를 사용하는 인도-유럽어족이 기원전 1600년경 이곳에 정착하면서 만들어졌다. 이후에는 크레타의 미노스 문명의 영향이 더해졌고 기원전 1200년경까지 유지되었다.

　미케네 문명이란 이름은 그리스의 중심 도시였던 미케네라는 이름에서 유래한다. 기원전 15세기에 이르러 미케네인은 청동기 문화를 바탕으로 크레타인을 대신해 200여 년 동안 동지중해를 장악하였다. 비록 미케네 문명은 미노스 문명처럼 통일 국가를 이루지는 못했지만 몇 개의 나라로 나뉘어 기원전 14세기에서부

- **사자의 문**

  사자 상을 받치고 있는 바위의 무게만도 20톤이 넘는데다가, 사자의 문을 둘러싸고 있는 다른 돌들 또한 거대하다. 입구에는 원래 청동으로 둘러싸인 이중문을 여닫는 구조였으나 지금은 석재로 된 부분만 남아 있다.

- **사자의 문에 있는 사자 조각**

  문 위에 올린 삼각형의 거석에는 높이 3미터, 길이 3.6미터의 규모로 한 쌍의 사자가 새겨져 있다. 권력의 상징인 사자는 미케네 문명이 최고 정점기였던 시절의 강력한 위력을 상징하는 것으로 알려져 있다.

터 기원전 13세기 전반까지 전성기를 누렸다.

보물 창고를 간직한 도시, 미케네

호메로스는 펠로폰네소스반도의 동북부 도시 미케네를 '길이 넓고 금빛이 찬란한 도시'라고 격찬했다. 아직까지 남아 있는 성벽 일부와 사자의 문이 그 흔적을 보여준다. 사자의 문에서 서남쪽으로 500미터 떨어진 곳에는 왕실의 묘지가 남아 있다. 이 안에는 여러 왕과 함께 묻었던 금은제 유물과 항아리 등이 매장되

- **미케네 전사가 그려진 항아리**
  기원전 12세기경 제작되었다. 미케네에서 생산된 도자기는 지중해 각지로 수출되어 나갔다. 좋은 점토질과 모양으로 유명하다.

어 있었다. 그중에서도 아가멤논의 아버지인 아트레우스의 무덤에서는 특히 많은 유물이 나와 '아트레우스의 보물 창고'라 불린다.

아트레우스의 보물 창고에 보관되어 있던 유물 중에는 각종 무기·방패·투구·갑옷 등이 많았다. 묘지 내부에 그려진 벽화에도 주로 전쟁 장면이 등장하고 있어 비교적 호전적인 미케네인의 특징이 드러난다. 금·은 등 귀금속이 생산되지 않았던 미케네에서 황금 가면과 같은 껴묻거리(副葬品)가 많이 나오는 것을 통해 미케네인이 동방과 활발하게 교역했다는 사실을 알 수 있다.

트로이 전쟁은 왜 일어났을까

트로이 전쟁은 서양 고대사에서 가장 유명한 전쟁 중 하나이다. 하지만 어째서 일어나게 된 전쟁인지는 의견이 분분하다. 신화에 따르면 여자 때문에 일어난 전쟁이라는데, 과연 그럴까?

여러 견해 가운데 왕정의 지배를 받지 않는 해적들의 약탈이나 해상 무역 활동이 원인이라는 주장도 있다. 그렇지 않으면 에게해를 사이에 두고 미케네와 대립하며 세력 균형을 유지하던 히타이트 내부에 반란이 일어나면서 미케네에 전쟁의 빌미를 준 것이 아닌가 하는 의견도 있다.

- **현재 트로이**(현재 터키 트로바)에 세워진 **트로이 목마**(모형)
  트로이 주변에서 발굴된 동전과 도자기를 근거로 만들었다. 트로이 목마는 미케네가 트로이를 멸망시키는 결정적인 계기가 되었다. 사진에 나오는 목마는 트로이 주변에서 발굴된 동전과 도자기를 근거로 만들었다.

하지만 전쟁이 일어난 원인 중 가장 설득력 있는 가설은 흑해 쟁탈전에 따른 식량문제일 것이다. 아테네는 식량 자급이 어려워 흑해 연안에서 곡물을 수입했다. 그런데 트로이가 흑해 길목을 장악하면서 곡물을 수입할 해로가 막힌 것이다.

트로이 전쟁은 고대사의 사건인 만큼 상세한 전말을 알기에는 한계가 있다. 그렇기에 제한된 기록으로 사건에 대해 이해할 수

밖에 없다. 예를 들어 호메로스의 『일리아스』에서는 참전한 사람들의 출신 도시나 함선의 규모 등 트로이 전쟁의 모습을 묘사한 부분이 있다. 이런 기록을 통해서 트로이 전쟁의 모습을 짐작해 볼 수 있다. 하지만 고대사의 기록에는 늘 불일치와 과장의 위험이 있으니 유의해야 한다. 이런 의혹에도 불구하고 트로이 전쟁이 미케네 말기에 일어난 획기적 사건임은 부정할 수 없다.

미케네는 왜 멸망했을까

기원전 13세기에 이르면 미케네 문명의 영광에도 점차 어두운 그림자가 드리우기 시작한다. 급격히 늘어난 인구로 토지가 황폐해졌던 것이다. 하지만 미케네의 경제 기반은 농업보다는 중계무역에 있었다. 그런데 그마저도 미케네 내부의 악화된 상황 때문이었는지 미케네인이 벌인 해상 약탈로 인해 위축되고 말았다. 이 시기 이집트나 시리아에는 미케네인을 가리키는 것으로 추측되는 '바다 민족'의 침략이 있었다는 기록들이 남아 있다.

미케네 문명의 멸망에 대해서는 서로 다른 여러 해석이 있다. 다수의 학자들은 도리스인의 침입과 관련이 있는 것으로 추측한다. 그러나 펠로폰네소스반도와 크레타섬, 소아시아 서남부에 정착한 도리스인이 왜, 어디에서 남하했는지를 확실하게 알 수 없다. 이때부터 약 400년간 '암흑 시대'가 되었다. 말 그대로 이때 무슨 일이 일어났는지는 알 수 없다. 그렇기 때문에 외부 민족의 침입을 부정하면서 내란에 의해 문명이 파괴되었다고 주장하기도 한다. 이런 입장에 대해서는 심한 가뭄 때문에 주민들이 살던 곳을 버린 결과라고 반박하는 주장도 있다.

이처럼 다양한 주장에도 불구하고, 대다수가 동의하는 내용은 기원전 11세기경 도리스인이 그리스 본토에 정착했고 혼란기를 거쳐 이른바 '암흑 시대'에 접어들게 되었다는 것이다.

변화가 움트는 시기, 그리스의 암흑 시대

크레타 문명과 미케네 문명은 대체로 청동기 문명을 기반으로 한다. 하지만 암흑 시대(기원전 1200~기원전 800)부터는 철기 시대로 접어든다. 그리스에서 도리스인이 철기를 먼저 사용하면서 여러 변화가 일어났다. 철기의 전래는 기술혁명을 가져왔고 암흑기가 끝날 무렵인 기원전 8세기에서 9세기경에는 정치·경제·문화적으로 새로운 그리스가 열렸다. 그리스인은 폴리스를 만들었고 선형문자 대신 페니키아인으로부터 알파벳 문자를 받아들였다. 이 두 가지를 바탕으로 새로운 문화가 피어났다.

암흑 시대의 그리스 땅에는 이전의 화려함을 자랑했던 문명이

사그라지고 새 문명의 불씨가 살아나고 있었다. 호메로스의 서사시는 이런 분위기를 잘 보여주는 자료이다. 그래서 이 시대를 '호메로스 시대'라고도 하고, 서사시의 주요 인물이 영웅이란 점에서 착안해 '영웅시대'라고도 한다.

이 시기에 대한 내용 대부분은 고고학 자료나 호메로스의 서사시 『일리아스』와 『오디세이아』를 가지고 추측하는 정도이다. 이 두 작품의 소재가 된 트로이 전쟁은 미케네 전성기에 일어났지만, 그 내용은 미케네에서 사용되었던 선형문자 B 시대와는 사뭇 다르다. 호메로스가 살았던 당시나 그 바로 직전 시대를 묘사한 것으로 보인다.

트로이 전쟁 시대의 '왕'은 왕궁에 사는 진짜 왕이 아니라 경제력과 군사력을 갖춘 대지주들 중 가장 기량이 뛰어난 사람이었다. 귀족들 역시 마찬가지였다. 이렇게 역동적인 사회 변화의 상황이 암흑 시대 이후 새롭게 변화된 사회를 예고하고 있었다.

암흑 시대 이후 급격하게 변화가 일어나다

암흑 시대라는 이름만 들으면 기존 문명이 전적으로 사라져버린 시대처럼 느껴진다. 그런데 암흑 시대라고 문명이 깜깜하게 소멸해버린 시대를 의미하는 것은 아니다. 왕궁은 파괴되었지만 미케네 시대의 흔적과 기억은 사라지지 않았다. 암흑 시대가 끝난 후인 고전기 그리스 시대의 신화나 성지는 미케네 시대에 기원을 두고 있으며, 호메로스가 노래했던 시기 역시 미케네 시대였다. 도자기의 무늬와 형상도 앞 시대의 것을 발전시킨 것이다. 이처럼 암흑 시대는 새로운 시대를 준비하는 시대였다.

암흑 시대는 또 한편으로 철기 문명을 준비한 시기였다. 그리스에서 철기가 본격적으로 사용된 것은 암흑 시대가 끝나는 8세기경부터였다. 청동기가 통치자의 독점적 권력을 강화해주었다면, 철기는 경제력을 분산시켜 권력을 다수에게 분배시켰다. 일례로 고전기 그리스 민주정의 발전은 철기의 보급 없이는 이루어질 수 없었다.

한편 이 시기에는 본토 그리스인이 동방으로 이주하여 그리스인의 세계가 에게해 주변으로 넓어졌다. 이런 이주가 일어난 이유를 정확하게 알 수는 없지만, 암흑 시대 말기에는 대부분의 에게해 지역이 그리스인의 지역이 되었다.

이처럼 기원전 8세기에 들어 그리스에는 인구·경제·군사·사회·문화 등의 여러 면에서 새로운 변화가 일어났다. 그리스의 위대한 업적들은 대부분 이 시기의 변화를 통해 이루어졌다.

인구가 급증함에 따라 가축 사육을 줄이고, 곡물 경작에 더 집중하였다. 한편으로는 황무지를 개간하여 경작지를 확대하였다. 해상 무역을 위해 바다로 나가기도 했으며 각각의 마을들이 연합하여 도시로 발전했다.

이런 변화로 인해 재산을 늘린 신흥 부자들이 나타났다. 무역을 통해 부자가 된 사람 중에는 토지에 투자하거나 비옥하지 않은 토지에 다른 곡물을 재배하여 높은 이윤을 남겼다. 반면 자급자족에 만족하던 소농들의 생활은 악화되었다. 신흥 부자들이 늘면서 소농들의 경작지는 점차 줄어들었고 결국 빚을 감당하지 못한 소농은 노예가 되기도 하였다.

이 밖에 귀족정 통치를 끝낼 성문법이 만들어지고, 중무장보병으로 근무할 수 있는 경제적 능력이 있는 부유한 시민의 관직 허용 요구가 받아들여졌다. 또한 가난한 농민과 채무 노예의 요구로 채무 탕감, 채무 노예 폐지와 토지의 재분배가 이뤄졌다. 이를 바탕으로 새로운 정치 형태와 함께 고대 세계의 중요한 유산인 그리스 정치사상이 형성되었다.

알파벳이 나타나다

소아시아의 그리스 식민시들은 선진 동방과 인접하여 경제적으로나 문화적으로 크게 발전하여 그리스 본토에 많은 영향을

문자의 의미	이집트 문자	페니키아 문자	그리스 문자	라틴 문자	로마 문자
황소의 머리	⌂	⌂(a) Aloph	ΛA (a) Alpha	A	A
집	⊂⊃	Ɔ(b) Beth	B (b) Bela	B	B
모서리	⌐	ʔ(g) Gimel	ΓC(g) Gamma	C / C	C / C
창	⊲	△(d) Daleth	◿D(d) Delta	D	D
기뻐하다	✡	∃(h) He	∃E(e) Epsilon	E	E

• **지중해 연안에서 사용된 문자들**
지중해의 여러 지역에서는 다양한 문자가 사용되었다. 지중해에는 문명 교류가 활발하고 문명의 다양성과 통일성이 공존하는 데 문자 사용이 크게 이바지하였다.

주었다. 그리스 고전기의 문학·철학·예술은 대부분 이들 식민시에서 발달하여 그리스 본토에 전해진 것이었다. 그중에서도 알파벳이 가진 의미는 더 특별하다.

'알파벳(Alphabet)'이란 말은 그리스어 첫 모음 알파(Alpha)와 첫 자음 베타(Beta)의 합성어이다. 그리스인이 알파벳을 처음 사용하기 시작한 것은 기원전 800년경이었다. 이 시기는 기원전 2000년경 에게 문명이 몰락한 후, 기록이 전해지지 않는 '암흑 시대'를 지나던 때였다.

알파벳은 다른 그리스의 문화들과 마찬가지로 그리스인만의 독창적인 문화가 아니었다. 그렇다면 다른 분야들처럼 그리스 본토의 미케네 문명에서 그 기원을 찾을 수 있을까? 하지만 기대와는 다르게 대략 여덟 개의 음절문자로 이루어진 미케네 시대의 선형문자 B와 그리스의 알파벳은 서로 별로 닮아 있지 않다. 이 문자가 적힌 기록 대부분이 회계 문서인 걸로 보아 전문 서기들이 독점했던 문자가 아닌가 싶다. 때문에 미케네 문명의 소멸과 이 문자도 운명을 같이했을 것이다.

대신에 알파벳은 동부 지중해 연안에 있었던 페니키아 문자에 기원을 두고 있다. 당시 그리스인이 사용했던 알파벳 문자는 총 스물일곱 개였다. 그중 스물두 개는 페니키아 문자와 비슷한 모양이다. 원래 페니키아 문자에는 모음이 없었지만, 그리스인은 빌려온 스물두 개의 문자 중 다섯 개를 모음으로 활용해 발음을

페니키아 알파벳

b	g	d	h	w	z	h	t	j	k		l	m	n	s		p	ṣ	q	r	š	t

그리스 고졸기 알파벳

a	b	g	d	e	z	ē	th	i	k	l	m		n	o	p	s	q	r	t	u	ks	ō

그리스 고전기 알파벳

a	b	g	d	e	z	ē	th	i	k	l	m		n	ks	o	p	r	s	t	u	ph	ch	ps	ō

• **그리스 알파벳의 변화**

정확하게 표현하게 되었다.

그럼에도 모음이 많은 그리스어를 표현하기에 부족한 부분은 아람어(Aramaic Language)의 자음 일부를 가져다 썼다. 알파(A), 엡실론(E), 오미크론(O), 입실론(Y)을 모음으로 사용했고, 이요타(I) 등 기존의 문자를 변형해서 모음으로 사용한 것이다. 이런 과정을 거쳐 기원전 5세기에 그리스어 알파벳 24자(자음 17자, 모음 7자)가 마련되었다.

활발한 해상 활동과 식민 운동을 벌였던 그리스인의 활동으로 알파벳 역시 여기저기로 전파되었다. 기원전 5세기부터 나타난 라틴어 알파벳 금석문은 에트루리아를 거쳐 라티움으로 그리스 알파벳이 전파된 흔적이다. 그리스인이 여러 곳에서 문자를 빌려왔듯이, 로마인도 그리스인에게 신세를 진 셈이다.

03

하인리히 슐리만,
트로이 문명의 유적지를 발굴하다

20세기 전까지 그리스에 대한 관심은 주로 기원전 5세기 이후로 집중되어 있었다. 아마 호메로스가 쓴 서사시들을 제외하고는 그 이전의 그리스를 알 수 있는 자료가 거의 없었기 때문일 것이다. '암흑 시대' 그리스에 대한 관심이 일게 된 것은 한 고고학자의 발굴 덕분이었다.

슐리만, 어린 시절에 품은 꿈을 현실로 이뤄내다

1870년 트로이 유적을 발굴한 고고학자 하인리히 슐리만의 신화는 일곱 살 때 아버지로부터 크리스마스 선물로 받은 한 권의 책에서부터 시작되었다. 그는 이 『어린이 세계사』라는 책의 삽화 속에 불타는 토로이 성을 보면서 "아빠! 저런 튼튼한 성이 있었다면 절대로 없어지지 않고 땅속에 있을 거야!"라고 했단다. 그러면서 언젠가 이 유적을 발굴하리라 마음을 먹었다.

하지만 젊은 시절 그는 고고학자가 되는 대신 사업가가 되어 대륙을 넘나들며 많은 재산을 모았다. 동시에 '암기법'으로 16개국의 언어를 익히는 재능을 보이기도 했다. 슐리만은 결국 마흔이 되던 해 사업을 정리하고 세계 일주를 떠났으며, 마흔세 살에

• 황금 가면
슐리만은 사자의 문에서 10킬로그램 이상의 황금 유물을 발견했는데, 이는 여섯 개의 황금 가면으로 이뤄져 있었다. 그 여섯 개의 황금 가면 중 하나이다.

제2장 문명의 전달자 - 에게해에서 꽃핀 에게 문명

는 프랑스로 건너가 소르본 대학교에 들어가 여러 언어에 대한 공부를 이어갔다.

19세기 당시 대부분 학자들은 트로이를 전설의 도시로만 여겼다. 하지만 슐리만은 트로이의 존재를 굳게 믿고 있었다. 마침내 그는 1871년 터키 정부의 허락을 받고 트로이 발굴을 시작했다. 1874년에는 티린스 궁정을 발굴하였고, 다음 해에는 호메로스가 그 견고함을 찬양했던 티린스 성의 성벽을 발견해냈다.

1876년 여름부터 시작한 미케네 발굴에서도 슐리만은 놀라운

• **하인리히 슐리만**
　신화가 된 인간 슐리만에 의해 신화였던 트로이가 역사가 되었다. 1871년 트로이 발굴을 시작해 1874년 티린스 궁정을 발굴, 1875년에는 티린스 성벽을 발견해내는 성과를 이뤄냈다.

성과를 거뒀다. 사자 문 안쪽의 오른편에서 높은 이중 석관으로 둘러싸인 원형 묘역이 발견되었는데, 여기에서 10킬로그램 이상의 황금 유물이 나왔다. 바로 여섯 개의 황금 가면을 찾아낸 것이다.

발굴할 때마다 수많은 유물들이 쏟아져 나왔기 때문에 슐리만은 세계적인 명성을 누렸다. 슐리만이 트로이를 발굴할 당시 냉소적이던 학자들도 미케네에서 놀라운 유물과 유적이 발굴되자 그의 공적을 인정하지 않을 수 없었다.

빛과 그림자를 모두 가진 고고학자, 슐리만

하지만 그의 화려한 명성 뒤에는 그늘도 있었다. 중장비를 동원해 밀어붙이는 그의 발굴 방법은 주변의 비웃음과 우려를 샀다. 때로는 유물을 몰래 발굴하거나 훔쳤다는 평판이 돌기도 했다. 이런 소문은 트로이 유적에 대한 잘못된 판단과 신화에 가깝도록 과장되어 있는 『자서전』이 근거가 되었다.

그는 트로이 유적층 가운데 가장 보물이 많이 나왔던 제2층을 트로이 전쟁 당시의 것으로 판단했다. 하지만 제7층 프리아모스 성이 전쟁 당시의 유적인 것으로 판명되었다. 또한 미케네에서 자신이 발굴한 무덤이 아가멤논의 것이라 주장했지만, 후에 이

것은 아트레우스의 묘로 밝혀졌다. 이처럼 고고학 발굴 성과에는 학문적으로 부족한 부분이 있었던 것이 사실이다.

그럼에도 그는 비범한 상상력과 직관을 가진 동시에, 대단한 독서가이자 상당한 노력가였다. 고고학과 고물학(古物學) 이외에도 언어학과 비교지리학 분야에서 상당한 지식을 쌓았다. 트로이 유물을 비교하기 위해서 많은 유럽 박물관에 직접 방문하기도 하였다.

결과적으로 슐리만에 대한 평가는 그가 이룩한 발굴, 특히 아테네 고고학 박물관 미케네 실의 유물을 바탕으로 이루어져야 할 것이다. 그에 대한 비판에도 불구하고 그가 그리스의 잠든 청동기 시대를 깨운 '그리스 고고학의 창시자'라는 사실에는 변함이 없다.

04

미케네 문명이 남긴
선형문자 B는 어떻게 해독되었나

선형(선상, linear)문자 B는 선으로 이루어진 문자인데, 지금까지도 그 뜻을 알 수 있는 최초의 유럽 문자이다. 수메르와 이집트의 문자보다 약 1,500년 뒤에 나왔지만, 그리스 알파벳보다는 약 500년 앞섰다. 에게 문명이 남긴 선형문자 B를 해독하기 위해 학자들은 길고 험난한 과정을 견뎠다.

에번스, 선형문자 B를 발견하다

고고학자 에번스는 이 문자를 크노소스와 그리스 본토에서 처음으로 발견했다. 이후 그는 40여 년 동안 이 문자를 해독하는

- **선형문자 B**

  약 200여 개의 기호가 있으며, 이 기호들은 음가를 가지는 음절 기호와 뜻을 가지고 있는 표의 문자로 구성되어 있다.

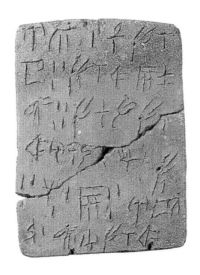

- **선형문자 A**

  크레타섬 각지에서 넓은 범위에 걸쳐 출토되어, 크레타 공통의 문자로 추정된다. 선형문자 A는 조각된 점토판의 품질이 좋지 않고 발견된 수도 적어 아직 해독되지 않았다. 문장의 형식에 일정한 규칙이 보이지 않는 것도 해독이 되지 않은 이유 중 하나이다.

일에 몰두했다. 마지막까지 그는 이 문자를 해독해내지 못했지만 끈질긴 노력으로 후대의 연구를 위한 몇 가지 중요한 방향성을 보여주었다.

에번스가 이 문자를 선형문자 B로 이름 붙인 이유는 크노소스와 크레타 남부에서 발견된 선형문자 A와 구분하기 위해서였다. 그는 기원전 2세기 크레타섬에서 선형문자 A, 선형문자 B, 그리고 상형문자가 사용되었다는 사실을 밝혀냈다. 하지만 그는 선형문자 B의 바탕이 되는 문자가 고대 그리스어가 아니라고 확신했다. 또한 선형문자 B가 미노스 문명만의 문자라고 생각했다. 이런 의견들은 이후 다른 학자들의 문자 해독 연구가 진행되면서 사실과 다르다는 것이 밝혀지게 된다.

선형문자 B의 해독을 위한 길을 열다

에번스 이후 미국의 고전학자이자 고고학자인 코버(Alice Kober)는 선형문자 B에 어미 변화의 증거가 있다는 에번스의 주장을 바탕으로 연구를 진행시켰다. 코버의 연구 역시 에번스의 연구처럼 해독의 성과는 내지 못했지만 선형문자 B의 해독에 중요한 계기를 만들었다.

1939년 미국의 고고학자 블레겐(Carl Blegen)은 그리스 본토 고

• **마이클 벤트리스**
17년 동안 선형문자 B의 이해에 온 힘을 쏟았다. 그는 결국 1953년 이 문자를 해독하였으나 1956년 교통사고로 서른네 살의 이른 나이에 사망하였다.

대 필로스에서 작성된 600여 점의 선형문자 B 점토판을 발굴하였다. 이로 인해 선형문자 B가 미노스 문명만의 언어였다는 에번스의 주장과는 상반된 것이었다.

블레겐은 이후 선형문자 B를 해독해내는 벤트리스(Michael George Francis Ventris)와 다른 연구 결과들, 제자인 베넷의 분석을 더해서 선형문자 A가 선형문자 B와는 전혀 다른 뿌리를 가지고 있다는 가설에 무게를 실어주었다. 선형문자 B는 선형문자 A와는 달리 그리스 본토에서도 발견되는 것으로 보아 크레타섬 밖의 어딘가에서 기원한 언어로 추정한 것이다.

선형문자 B를 해독해낸 벤트리스

벤트리스는 학생 시절부터 선형문자 B에 관심을 가졌다. 그의 고전학 교사였던 헌터는 1936년 에번스가 개최한 미노스 세계 전시회에 벤트리스를 비롯한 학생들을 데리고 갔다. 당시 여든다섯 살이었던 에번스는 소년들에게 선형문자 B 점토판을 보여주었다.

벤트리스는 1936년부터 1952년까지 선형문자 B를 해독하기 위해 노력하였다. 벤트리스는 이 문자에 대한 자신의 연구를 과정마다 상세히 설명하고, 이를 보기 좋게 정리한 연구 노트를 다른 학자들에게 돌려 의견을 묻거나 반박할 수 있게 하였다.

그 결과 1952년 2월 문자 기호의 출현 빈도와 특정 맥락에서 등장하는 규칙성을 실마리로 삼아 선형문자 B의 문자 기호 간 상호 관계를 상당 부분 밝혀낼 수 있었다. 하지만 아직 기호들의 실제 음가는 여전히 알 수 없다.

벤트리스는 영감을 통해 각 문자 기호에 자음과 모음의 음가를 추정해 단어들을 만들어보았다. 해독된 단어들 중 많은 것이 그리스어와 비슷하다는 것을 쉽게 알 수 있었다. 벤트리스는 처음에 이 결과에 대해 매우 회의적이었다. 그는 에번스와 마찬가지로 선형문자 B를 미노스어로 여겼고, 그리스어는 관계가 없다고 믿었기 때문이다.

1953년 선형문자 B가 최종적으로 해독된 것은 우연한 일이었다. 벤트리스는 매우 흥분하여 선형문자 B의 음가를 새로 발견된 점토판 문자에 적용시키기 시작했다.

밝혀낸 선형문자 B 점토판의 내용은 인명이나 직업 또는 물품 목록 등과 같이 행정에 필요한 세세한 내용을 간단하게 적은 것이었다. 확실한 정황을 보여주는 왕의 이름이나 영웅의 행적에 대한 글은 없었다. 하지만 미노스어가 아니라 그리스어인 것은 분명했다. 벤트리스는 과거에 자신이 생각했던 것과 달리 선형문자 B 점토판이 그리스어로 되어 있다는 것을 확신하게 되었다.

크노소스 궁전은 정말 궁전일까

공부라는 것은 어찌 보면 '답'을 찾아가는 과정이다. 그런데 이 '답'이란 건 무엇일까? 조금 심오하게 이야기를 해본다면 진리 나 일반 법칙이 될 수도 있겠다. 진리와 일반 법칙이라는 것은 말 그대로 변하지 않는 사실이다. 우리는 학교에서 늘 그런 답이 있 다고 배워왔고, 찾아야만 했다.

이런 교육을 대표하는 것이 바로 '5지선다형' 시험제도이다. 하나로 정해진 답을 맞히는가 아닌가를 평가하는 시험제도는 학 교에서뿐 아니라 공무원 시험에서도 절대적이다. 학교에는 이런 한계를 보완하기 위해 수행평가 제도를 도입했지만, 여전히 5지 선다형 시험이 큰 틀을 이루고 있다.

이런 제도들이 은연중에 우리에게 스며들어 정해진 '답'만을 기억하고 생각하도록 만든다. 다른 여러 분야도 마찬가지겠지만 하물며 인간사를 다루는 역사에 꼭 한 가지 답만이 존재할 수 있을까?

그런 의미에서 역사를 아는 데에는 책 속에서 당연하게만 이야기하는 사실들도 자꾸 의심해보아야 한다. 크노소스 궁전을 연구했던 여러 학자도 그런 의심의 정신을 발휘했는지, 크노소스 궁전이 궁전이 아니라는 주장을 제기한 사람도 있었다.

이 학설에도 나름대로 여러 근거가 있다. 왕이 지내는 궁전이라고 한다면 왕의 안전을 위해 방어에 유리한 입지와 구조를 당연히 갖추어야 한다. 그런데 크노소스 궁전이 위치한 곳은 트인 평야 지대이고, 구조상으로도 성벽이나 감시탑 같은 방어시설도 없다. 또 왕이 살던 곳이라면 결국은 주거 시설인데, 주방이나 마구간도 없고 물을 구하기도 어려운 위치이다. 또 주변에 남아 있는 귀족의 저택이 아주 화려한 데 반해 궁전의 방은 모두 작고 천장도 무척 낮다.

이런 이유로 일부 학자들은 크노소스 궁전이 살아 있는 왕의 거처가 아니라 무덤이라고 주장했다. 이 가설도 무척 설득력이 있다. 그러나 여기서 중요한 것은 크노소스 궁전이 정말 궁전인가 아니면 무덤인가 하는 것보다는, 어떤 역사의 이야기라도 한 번쯤 의심해보고 상상력을 발휘할 필요가 있다는 점이다.

고대문자 해독을 위한 열정,
인적이 드문 길은 그저 어두운 길일까

선형문자 B뿐 아니라 신라 향가·고대 이집트 문자·중국 갑골 문자 등 같은 오래된 문자 기록들을 마주하고 그 이야기에 귀 기울이고 싶은 사람은 얼마나 될까? 대부분은 낯선 고대 문자들을 보면 우리말을 모르는 외국인을 만났을 때처럼 당황하거나 무관심하지 않을까 싶다.

선형문자 B를 해독하기 위한 여러 사람의 호기심과 열정, 고집스럽고 끈기 있는 노력이 아니었다면 과거의 사람들이 남긴 흔적은 그저 죽어 있는 기호에 불과했을 것이다. 선형문자 B의 해독은 많은 사람들이 관심도 갖지 않고 가려고도 하지 않는 길을 선택한 여러 학자의 노력이 있었기에 가능했다. 그 노력의 결과로 인류는 시간을 넘어 과거와 소통하게 된 것이다.

지금까지도 풀리지 않은 선형문자 A를 비롯하여 여러 고대의 문자들이 아직도 목소리를 잃은 채 해녹해술 사람을 기다리고 있다. 지금은 인적이 드문 깜깜한 길처럼 보일지라도, 용기를 가지고 그 길로 들어서보자. 아마 상상하지도 못했던 즐거움이 여러분을 기다릴지도 모른다.

고대 그리스 시대는 대개 기원전 1100년경부터 기원전 146년 사이에 해당한다. 기원전 1100년은 그리스에서 청동기 문명 단계인 에게 문명이 끝나고 그리스 암흑 시대가 접어드는 때이다. 기원전 146년은 코린토스 전투로 고대 로마가 그리스를 정복한 때이다.

고대 그리스는 노예가 경제 기반을 떠맡았다. 기원전 5세기경은 그리스의 절정기인데 노예제의 최고 발전기(기원전 5세기~기원전 4세기)이기도 하다. 이 시기에 발달한 민주정은 노예 노동을 기반으로 하고 있었고 일정한 재산이 있어야 시민이 될 수 있는 제한적인 성격의 민주정이었다.

제3장

빛은 동방에서
-서구 문명의 요람이 된 그리스 문명

그리스, 그리스인, 그리스어

고대 그리스는 로마 제국에 큰 영향을 미쳤고, 로마인은 지중해 지역과 유럽에 자신들이 발전시킨 그리스 문화를 퍼뜨렸다. 그 후로도 고대 그리스 문명은 로마 제국뿐 아니라 여러 지역과 시대에 걸쳐 문화 전반에 널리 영향을 미쳤고, 특히 르네상스 문화의 원동력이 되었다. 또 18세기~19세기 유럽과 아메리카에의 신고전주의에 영감을 주기도 했다.

그런데 고대 그리스 역사를 다룰 때 아테네를 주로 보는 것은 아테네와 관련된 사료가 압도적으로 많기 때문이다. 1,000여 개의 폴리스 가운데는 아테네와 다른 국가 체제를 취한 경우가 많았으며, 인구와 면적에도 많은 차이가 있었다.

따라서 아테네 역사가 곧 고대 그리스 역사라고 할 수는 없다. 하지만 고대 그리스 연구를 위한 자료가 아테네에 집중되어 있기 때문에 아테네를 통해서 고대 그리스 전체를 그려볼 수밖에 없는 상황이다. 고대 그리스 역사를 연구하는 사람들에게는 기원후 2세기에 활동한 그리스의 지리학자이자 여행가 파우사니아스(Pausanias)가 남긴 "고대 그리스에 관한 대부분의 사실은 이제 논쟁거리가 되어버렸다"는 말이 지금도 유효한 셈이다.

'그리스'라는 이름은 어디에서 비롯되었나

그리스(Greece)라는 이름은 어디에서 왔을까? 정확하지 않지만, 유력한 가설을 하나 소개하겠다. 그리스의 어원이 되는 그라이아(Graia)인이라는 이름은 그리스인이 직접 붙인 말이 아니라 로마인이 붙여준 말이다.

기원전 1000년경 그리스인은 지중해 지역에 식민시들을 건설했다. 그 가운데 남부 이탈리아에 있는 키메라는 도시에 식민시를 만든 것이 그리스의 보이오티아에서 온 그라이아인이었다. 최초로 그라이아인을 만난 로마인은 그리스에서 온 사람을 모두 그라이아인이라고 불렀다. 이런 과정에서 그리스는 그라이아인의 나라를 라틴어로 '그라이키아(Greicia)'로 표현하고, 남부 이탈리아에 그라이아인이 살던 지역을 '마그나 그라이키아(Magna Greicia: 대 그리스)'라고 부르게 되었다. 이처럼 그리스라는 말은 이탈리아 남부에 식민시를 건설한 그라이아인을 부르던 로마인의 용어였다.

그렇다면 그리스인은 자신들을 어떻게 불렀을까? 헬레네스(Hellenes, 단수 Hellene)라는 말은 헬렌(Hellen)의 후손이라는 뜻이다. 현대 그리스의 공식적인 국가 명칭은 'Helleniki Demokratia(영어로 Hellenic Republic)', 즉 '헬라 공화국'이다.

이처럼 현재까지 이어지고 있는 그리스의 국가명은 그리스 신화에서 비롯된 것이다. 즉, 헬렌은 태고의 대홍수 때 살아남은 인간들인 데우칼리온과 피라의 맏아들이었다. 테살리아의 왕이었던 헬렌은 산의 님프인 오르세이스와 결혼하여 세 아들을 낳았다. 아이올로스·크수토스·도로스는 각각, 그리스 신화에 나오는 그리스인의 세 종족인 아이올로스인·이오니아인·아카이아인의 시조가 되었다.

헬레네는 그리스인을, 헬레네스는 그리스어를 말하는 사람을 뜻한다. 그리고 그리스인이 모여 사는 곳을 헬라스라고 불렀다. 이는 국가라는 정치적 개념보다는 그리스인이 사는 땅이라는 의

미를 지녔다. 이런 개념은 그리스에 통일국가라는 개념이 없었음을 보여준다.

고대 그리스인은 각자의 폴리스를 중심으로 살다가 필요할 때 여러 폴리스와 동맹을 맺었다. 이러한 체제는 당시 세계의 다른 여러 지역에서 발달했던 거대한 제국 또는 왕국과는 다른 그리스만의 독특한 일면이었다.

그리스인과 그리스어는 어떻게 생겨났나

그리스인의 정체성을 결정하는 기본 요소라 할 수 있는 그리스어는 인도-유럽이 근원이다. 그 때문에 인도-유럽어족들이 그리스에 침입한 후 선주민과 융합하여 그리스어가 성립되었다는 가설이 있다. 하지만 인도-유럽어족의 한 분파가 정확히 언제부터 그리스어를 사용하는 그리스인이 되었는지는 분명하지 않다.

기원전 12세기경 침입한 것으로 알려진 도리스인 세력이 그리스 북부 지역에 걸쳐 있었으며 같은 계통의 방언을 사용했을 것으로 짐작할 수 있다. 하지만 이들이 어디에서 어떤 경로를 거쳐 그리스반도에 들어왔는지에 대해서는 여러 이견이 있다. 지금까지 진행된 연구에 따르면 그리스어를 처음 사용한 그리스 땅의 사람들은 기원전 2000년대 후반의 미케네인으로 추정된다.

최근 고대 그리스의 인종적·문화적 정체성에 대한 연구는 다음 두 가지 경향으로 진행되고 있다. 첫째는 기원전 4500년에서 기원전 2000년경, 인도-유럽어족의 유산이 고대 그리스에 어떤 영향을 미쳤을까 하는 점이다. 또 다른 하나는 기원전 2000년대 그리스와 이집트를 중심으로 발전한 근동 지방 문명의 관계에 대한 것이다.

근래에는 특히 고대 그리스와 근동의 관계에 많은 연구자가 주목하고 있다. 일부 19세기 학자들은 그리스에 미친 근동의 영향을 과소평가하거나 무시하려고 했다. 하지만 고대 그리스가 이집트 문명의 종교와 미술 등 문화에 영향을 받았다는 것은 부인할 수 없는 사실이다.

02

암흑 시대와 군사적 혼란을 거치면서
폴리스가 등장하다

아리스토텔레스의 『정치학』에서는 사람들이 모여 촌락을 이루고 서로 협력하여 자급자족하는 구조를 폴리스(Polis)라 정의한다. 나아가 폴리스 밖의 존재는 인간이 아니라고까지 할 정도로, 아리스토텔레스와 같은 그리스인은 폴리스라는 구조를 자연스럽게 여겼다. 이처럼 인간이라는 개념 자체가 폴리스를 중심으로 인식되었다. 이런 의미에서 폴리스에 대한 이해는 서양 문명을 인식하는 출발점이라고 할 수 있다.

그리스의 폴리스라는 말은 현재도 여러 단어로 파생되어 쓰이고 있다. 'police' 'policy' 'politics' 'policeman' 등의 단어가 그

예이다. '콘스탄티노플' '아드리아노플'이나, 미국의 '인디애나폴리스' '미니애폴리스', 브라질의 '페트로폴리스' 등의 지명에서도 흔적이 드러나니, 가히 그리스가 지닌 영향력을 짐작할 만하다.

폴리스는 어떤 곳이고 어떻게 운영되었나?

그런데 폴리스가 언제, 어떤 과정을 통해서 성립되었는지 정확하게 알지 못한다. 그래도 도리스족의 남하에 따른 혼란과 이민족의 위협으로부터 스스로를 지키기 위해 여러 촌락이 지리적·군사적 중심지로 모여들어 도시가 형성되고, 그 주변 촌락들이 하나의 독립된 폴리스를 형성했다는 집주설(集住, synoikismos신오이키스모스: syn함께+oikismos집)이 가장 널리 통하는 견해이다.

폴리스의 성립 원인을 기원전 800년경으로 도리스족 남하로 보기 때문에 폴리스가 성립된 시기도 같은 시기로 본다. 하지만 이것은 어디까지나 일반론이고 예외도 많다.

폴리스는 그리스인의 정치적·경제적·군사적·종교적 중심지이며 자주적인 공동체였다. 폴리스 중에서도 중심적인 역할을 하는 폴리스는 대체로 해안에서 그리 멀지 않은 평지에 자리 잡고 있었다.

대부분의 폴리스는 성벽으로 둘러싸인 도시 중심에 수호신을 모신 아크로폴리스(acropolis)라는 구릉을 두었다. 이곳은 유사시 시민의 피난처가 되거나 저항의 보루가 되었다. 아크로폴리스의 근처에는 아고라(agora)라는 광장이 있었다. 아고라는 시장인 동시에 정치를 포함한 모든 공공 활동의 장소이며 시민의 사교장이기도 했다.

이런 폴리스는 고전기에 그리스 본토에서만도 200개가 넘었고 다른 지역에 건설된 식민시까지 합치면 1,000개가 넘었다. 각각의 폴리스는 평균 5,000명의 인구와 500~5,000제곱미터의 땅을 가지고 있었다.

폴리스는 종교적·경제적 유대를 맺고, 법(nomos노모스)에 따라 규제되는 독립성과 자주성을 가진 시민 공동체였다. 폴리스가 성립될 당시 도시로 모여든 사람은 주로 귀족·수공업자·상인이었고, 농민뿐 아니라 일부 귀족도 그대로 농촌에 머물렀다. 그렇기 때문에 폴리스 성립 이전의 공동체 성격을 그대로 유지한 채 폴리스 전체가 하나의 시민 공동체를 형성하게 된 것이다.

그러나 폴리스에 거주하는 모든 사람이 시민으로서 완전한 자격과 권리를 가지고 있지는 않았다. 노예는 물론 자유인인 거류외국인에게도 완전한 시민의 자격과 권리는 없었다. 오로지 폴리스 형성에 참여한 부족의 성원이나 그 후손만이 완전한 의미

그리스인 식민시(市)

■ BCE 9세기　■ BCE 8세기　■ BCE 7세기　■ BCE 6세기

· 지중해로 진출한 그리스

전 지중해에 걸쳐 그리스 문화가 우월한 위상을 차지하는 하나의 문명권을 형성하였다.

의 시민이었다.

그리스인은 자신과 다른 언어를 쓰는 민족을 바르바로이 (barbaroi)라고 하며 이민족을 차별했다. 이들의 거주지를 헬라스 (Hellas), 그리스 민족 전체가 헬렌(Helen) 신의 후예인 헬레네인 (Hellens)이라고 믿는 자의식이 강한 민족이었다.

각각의 폴리스는 동맹 관계를 유지했고 올림피아의 제우스 신전에서 거행되는 체전 기간에는 폴리스 간에 전쟁을 금지했다. 그러나 이런 연대 의식과 동맹 관계에서 머물렀을 뿐 그리스 전체는 통일된 국가가 되지 못하고, 끝내 폴리스라는 작은 도시국가의 분립 상태에 머물렀다.

폴리스에 몰아친 변화의 바람

이런 폴리스에 동요를 가져온 요인은 기원전 8세기 중엽부터 대략 2세기 동안 이어진 폴리스의 해외 진출과 그로 인한 폴리스의 사회경제적 변화와 관련이 있다. 그런데 이런 해외 진출과 식민지 건설 동기는 다양하고 복잡했다.

귀족층이 토지를 독점하면서 늘어난 영세농들은 새로운 농지를 찾아 밖으로 나가게 되었다. 폴리스의 자체 성장·발전으로 인구 증가도 이주의 원인이 되었다. 도시가 번영하며 이루어진 시장 확대, 폴리스 내부 정치 분쟁도 새로운 개척지 개발의 동기가 되었다. 이런 식민시의 범위는 매우 광범위하여 전 지중해 연안과 흑해 연안에 식민시가 널리 퍼져 있었다. 식민시는 일반적으로 모시(母市)의 정치적 지배를 받지 않고 각각의 도시가 독립을 유지했다.

모시는 식민시와 여러 이유로 자주 접촉할 수밖에 없었다. 이 때문에 도시 간 해상 교역이 점차 늘어나고, 본토 내의 상공업도 발전하게 되었다. 이런 상공업의 발달은 화폐 사용 때문에 더욱 촉진되었다. 화폐경제에 따른 상공업의 발달은 농업에도 영향을 미쳤다. 귀족 가운데 일부는 대토지 소유자가 되고 농민은 귀족에게 빚을 지는 소작농이나 농업 노동자, 부채 노예로 전락하기도 했다.

각각의 폴리스가 다양하게 발전했음에도 불구하고 정치 형태의 발전 과정에는 어느 정도 유사성이 있다. 발전 단계는 대체로 네 단계로 나뉜다.

첫 번째는 왕정 시대로 동방과 상업적 접촉을 하는 단계이다. 두 번째는 기병의 역할이 증가하고 일부 계층의 재산 축적으로 인해 귀족 과두정이 이루어지는 단계이다. 그다음이 참주정 시대이다. 이 시기에 불법으로 최고 정권을 찬탈한 참주가 등장하는 것은 투쟁이 격화되고 중무장 보병이 군사적으로 중요해졌기 때문이다. 마지막이 민주정 시대인데 많은 폴리스가 최종적으로 민주정의 형태를 취했으며 아테네가 전형적이었다.

폴리스는 이처럼 다양성을 유지한 채 유사한 정치적 발전을 거쳤지만 전체적으로 체제를 통합하지 않고 상호 지배하지 않는 자주적인 공동체였다.

사회 갈등을 개혁하려고 한 현자 솔론의 조치는 무엇일까

기원전 8세기 중엽부터 약 2세기 동안 그리스인은 매우 활발하게 해외 진출과 식민 활동을 전개했다. 식민 활동으로 그리스 전역은 농업 국가에서 상공업 국가로, 자연경제에서 화폐경제로 체제를 바꾸었으나 당시 아테네는 변화에 더뎠다.

이런 변동에 직면한 일부 귀족들은 상업 활동에 나섰으나 대부분의 보수 귀족들은 그렇지 못했다. 이들은 이미 늘어난 소비를 계속하기 위해 농지를 이용해 재산을 축적했다.

귀족들은 특히 빈농에게 토지를 담보로 빚을 내어주고 기한 내에 상환하지 못하면 토지를 자기 것으로 만드는 방법을 이용했다. 이렇게 만들어진 계층이 헥테모로이(hectemoroi: hecte는 6분의 1, moroi는 몫으로) 계층이다. 헥테모로이는 '6분의 1'세를 바치는 사람들이라는 뜻이다. 땅을 가진 지주들은 헥테모로이들에게 그 땅을 경작하게 하고 여기에서 수확된 곡식과 부채 노예를 수출하기도 했다. 한편 원래는 소작 농민이었던 사람 중에도 부채 노예가 생기게 되고 부채 때문에 자식을 팔아버리거나 국외로 도망가는 사람도 생겼다.

이처럼 폴리스가 순탄하게만 발달한 것은 아니다. 그리스인은 기원전 6세기 귀족정치의 동요와 참주 정치 속에서 어려움을 겪었다. 이런 위기를 개혁하고자 솔론(Solon)이 나섰다. 아테네의 정치가이자 시인인 솔론은 고대 그리스 일곱 명의 현자 중 한 사람이기도 하다.

기원전 6세기경 아르콘(archon: 아테네에서 해마다 선출되는 최고 관리. 총 아홉 명이며, 이 가운데 수석 아르콘의 이름을 따서 임기를 맡은 해의 이름을 붙인다. 특히 이 관리를 아르콘 에포니모스라고도 한다)으로 선출된 솔론은 아테네에 몰아닥친 위기를 극복하기 위해 '부채 말소(seisachtheia)'라는 개혁을 단행했다. 솔론 때까지 부채는 채무자의 인신을 담보로 했다. 이런 폐단을 바로잡고자 그는 인신을 채무 담보로 잡는 관습을 금지했다.

그렇다면 부채 말소법에서 말하는 '부채'란 우리가 생각하는 '빚'과 같은 뜻이었을까? 부채 말소는 어느 정도 범위에서 이루어졌던 것일까? 고대 그리스의 정치가이자 역사가인 안드로티온(Androtion)은 부채 말소가 단순히 부채를 모두 없애는 것이 아니라 화폐개혁에 따라 이자율을 제한한 정책이라 했다. 만일 이 정의에 따른다면, 채권자인 집권층이 솔론을 조정자로 선정한 것도 이해가 간다.

개혁 후 부자들뿐 아니라 가난한 자들도 불만을 토로했고, 이로 인해 솔론은 10년간 외유해야 했다. 만일 솔론이 부채를 말소했다면 왜 가난한 자들이 그를 대대적으로 환영하는 대신에, 그에게 불평했겠는가? 우선 솔론이 취한 개혁은 부채를 말소시키고 인신을 담보로 돈을 빌려주지 못하게 하는 일이었다. 그리고 외국에 노예로 팔려갔거나 부채 때문에 도망간 사람들을 데려오고 부채로 토지에 묶여 있던 헥테모로이를 해방했다.

아마도 솔론의 이런 조치는 해방된 농민들이 상공업자가 되어 상업 중심의 폴리스로 발전하길 바란 것이 아닐까 한다. 그의 다른 경제정책도 상공업 발전 촉진을 위한 것들이었다. 화폐개혁, 올리브 이외의 농산물, 즉 곡물의 수출 금지, 수공업 장려, 무위도식자 처벌 등이 그랬다. 또한 외국 수공업자가 가족을 데리고 아테네로 이주할 경우 시민권을 주었던 조치는 선진 기술을 도입하려는 의도에서 비롯되었다.

또한 곡물 수입에 따라 시민의 등급을 나누고 정치적 권리와 군사적 의무를 비례하여 배분했다. 이는 귀족·평민의 신분상 장벽이 폐지되고 출신 대신에 재산에 의해 권리·의무가 결정됨을 의미하는 것이다.

이런 그의 개혁에도 불구하고 실질적으로 우위는 귀족에게 있었다. 즉 아르콘과 아레오파구스 회의 의원은 여전히 대토지 귀족이나 기사 등의 상위 계층에 한정되었다. 그러나 최하층민에게도 민회에 참석할 권리를 주고, 신설된 시민 법정에도 계층 구분 없이 추첨으로 참석할 수 있었다. 그리고 각 부족에서 100명씩 골라 400인회를 만들어 민회에 제출할 안건을 마련하게 했다.

이런 일련의 개혁은 무엇보다도 시민적 자유의 출발점을 이루는 데 의의가 있다. 시민의 자유와 권리를 귀족의 침탈로부터 보호하고, 시민에게 국정에 참여할 권리를 주었다. 물론 개혁의 단기 성과는 극히 제한적이었고, 귀족-시민 양측으로부터 불만을 샀다. 귀족들은 개혁으로 큰 손해를 보았고, 토지 재분배를 원했던 일부 시민은 만족하지 못했기 때문이다.

사실 솔론이 바란 것은 평등한 사회가 아니었다. 그는 현실적으로 차별이 없는 사회를 만들 수는 없다고 생각했다. 대신에 차별을 인정하되 각 계층이 조화롭게 살 수 있는 사회를 만들고자 했다. 그는 조화로운 사회를 꿈꾸는 이상주의자이면서도, 이상을 현실적으로 이루고자 노력했던 현실주의자이기도 했다. 이 사실은 그가 재산 등급에 따라 정치적 권리를 배분한 데서도 알 수 있다. 솔론의 개혁은 기존 질서를 급격하게 바꾸기보다 기존 질서의 병폐를 바로잡는 소극적인 해방을 목표로 했다. 그런데 이런 조치는 직접 토지를 소유하지 못한 농민에게는 생계를 보장해주지 못했다. 그렇기 때문에 이후 귀족·평민 간의 분쟁이 재발하게 된다.

그러나 장기적인 관점에서 볼 때, 솔론의 개혁은 성공적이었다. 그는 아테네에 몰아닥친 경제적 대변동을 인식하고 아테네를 농업 폴리스에서 상업 폴리스로 전환하려고 했다. 이 개혁이 있고 나서 기원전 6세기 후반경, 아테네는 상공업 폴리스로 번영하기 시작했다.

아테네 민주정의 발전은 클레이스테네스의 개혁으로부터

클레이스테네스(Kleisthenes)에 대한 기록은 아테네에 민주정을 확립한 사람이라는 헤로도토스의 평을 제외하고는 거의 없다. 이처럼 사료에서는 눈에 띄지 않지만 아테네 민주정 발전에 그가 미친 영향은 매우 컸다.

• 도편추방제에 사용된 도자기 파편

기원전 5세기 시민들은 잠재적인 위험이 있는 시민을 10년 동안 추방하기 위해 아테네 민회에서 투표를 하였다. 투표자는 추방을 원하는 개인의 이름을 도자기 파편에 적은 후 항아리에 넣었다. 6,000명 이상의 투표자가 추방을 원하면 당사자는 10일 이내에 아티카(아테네의 영토)를 떠나야 했다. 또 다른 해석에 따르면, 최소한 6,000명의 투표자가 참여한 중에 가장 많은 표를 받은 자가 추방되었다. 그러나 이는 유력한 정치가를 제거하기 위한 수단으로도 사용되었다.

클레이스테네스의 개혁 목표는 이전과 같이 혈연과 지연으로 인한 유대나 경제적 이해관계는 배제하고, 아테네의 모든 시민에게 평등한 참정권을 부여하는 것이었다. 이를 위해 그는 먼저 새로운 행정 구획을 마련했다. 기본적 행정구에는 노예와 거류 외국인을 제외한 모든 사람을 등록하고, 이들에게는 혈연·재산·직업에 관계없이 동등한 참정권을 주었다.

그 결과 아테네 전체는 열 개의 행정구가 꾸려졌다. 이렇게 만들어진 행정구는 기존의 특권을 배제하고 재산 유무 여부나 직업적인 이해관계가 비교적 평등하게 혼합된 행정단위로서, 아테네의 정치적·군사적 활동의 토대가 되었다.

그는 혁명적인 행정구 개혁을 바탕으로 500인회라는 새로운 행정기관을 설치했다. 기본적 행정구는 주민 수에 비례한 후보자의 명부를 작성하고, 그 후보자들 가운데 추첨한 인물로 500인회를 구성했다. 이 조직은 실질적인 통치기관으로서 아테네의 재정·전쟁·외교 등을 주관했다. 아울러 스무 살 이상의 시민권을 가진 모든 성인 남자로 구성되는 민회는 500인회의 제안을 논의하여 채택 여부를 결정했다. 사법권은 500인회와 동일한 선출 방식으로 구성되는 시민 법정에 있었다.

아테네 시민은 잠재적으로 독재할 위험이 있다고 생각되는 시민을 투표를 통해 추방했다. 그러나 이는 유력한 정치가를 제거하기 위한 수단으로도 쓰였다.

이러한 국가 제도는 기원전 502년부터 발효되었다. 이로써 아테네의 민주주의는 결정적으로 발전하게 되었다. 유명한 도편추방제(Ostracismos: 도자기 파편을 의미하는 '오스트라콘'에 참주가 될 가능성이 있는 인물의 이름을 적어내게 해서 6,000표 이상 나오면 그 인물이 10년간 국외로 추방되는 제도)도 클레이스테네스의 정신을 계승하여 이후에 제정된 것이었다. 이 법을 통해 독재의 가능성을 막고자 했다.

물론 그의 개혁 이후에도 당파와 부의 불균등으로 인한 갈등과 내분은 지속되었다. 하지만 개혁 이전보다는 확실히 줄어들었다. 이제 대부분의 시민들은 정부를 자신과 무관한 지배 기구로 보지 않았다. 대신 직접 일원이 되어 참여하는 시민 공동체로서 정부를 바라보게 되었다. 이 때문에 아테네 시민은 다른 폴리스와는 차별화된 강한 자부심과 애국심을 가질 수 있었다.

아테네 민주정의 빛과 그림자

근대 민주정과 아테네 민주정을 비교해보면 아테네 민주정의 특징이 좀 더 잘 드러난다. 먼저 아테네 민주정은 시민권을 가진 사람들만을 대상으로 한 것이었다. 클레이스테네스 시대에는 거류외국인을 포함하여 아테네 인구의 대부분이 시민권을 가지고 있었지만, 페리클레스(Perikles) 시대에는 시민권을 가진 시민은 소수에 불과했다.

그러나 어떤 면에서는 아테네 민주주의가 지금의 민주주의보다 더 철저한 부분도 있었다. 예를 들면, 거의 모든 행정관을 추첨으로 선출하는 점이나 군사위원을 제외한 모든 관리의 임기와 연임의 제한, 다수결 원칙의 철저한 준수 등은 현대 민주주의 국가들조차 그대로 받아들이기 어려운 수준이었다. 그야말로 보통 사람들의 정치적 판단을 존중한 증거였다.

또 다른 차이점은 아테네 민주제는 대의제가 아닌 직접 민주주의라는 점이다. 500인회 의원의 선출은 현대와 같은 대의제와는 달랐다. 현대 대의제에서의 의원 선출은 명성과 능력이 중요한 요건이 된다. 하지만 아테네에서는 실제 정치에서 발언하는 시민 한 사람 한 사람의 확인과 동의가 가장 큰 관심사였다. 한마디로 말해서 통치의 효율보다 전체 시민의 의사를 존중하는 민주주의였다.

시민권을 가진 사람은 모두 정치 활동에 큰 관심을 보였으며, 주로 집회·법정·군대·운동장·시장 등에서 시간을 보냈다. 시민에 의한 직접 민주주의 체제는 시민이 경제활동으로부터 벗어나서 여가 시간을 가질 수 있었기에 가능했다. 상공업은 거류 외국인이, 농업·광업·제조업 등은 주로 노예가 도맡았기 때문이다.

앞에서 살펴본 것처럼 그리스의 민주정은 직접 민주주의를 택하고 있지만 제한적이었으며 노예 노동의 희생을 바탕으로 했다.

스파르타의 불편한 진실

스파르타에 대한 이야기는 아테네에 비해 잘 알려져 있지 않다. 스파르타의 성격을 단적으로 나타내는 말은 스파르타가 위치한 라코니아(Laconia)에서 파생한 영어 'laconic'이다. '검소' '소박' '자기부정' '절제'로 상징되는 스파르타는 플라톤의 이상 국가의 모델이 되었으며 많은 철학자들이 동경하는 대상이었다. 근·현대에는 나치 독일의 정치적 이데올로기로 이용되기도 했다. 그래서인지 지금 우리는 여러 가지로 왜곡된 시각에서 스파르타를 본다 해도 과언이 아니다.

스파르타식 교육, 스파르타 학원처럼 '스파르타'라는 말이 다소 부정적 인상으로 떠오르는 이유는 우리의 현실에 있는 게 아닐까. 그래서인지 스파르타 교육이라 하면 강압적이며 획일적인 교육이라는 이미지가 연상된다. 하지만 정말 스파르타의 교육은 그랬을까? 스파르타 교육의 진면목을 알아보려면 스파르타 교육과 대비되는 아테네 교육과 비교해볼 필요가 있다.

스파르타의 교육은 지금의 상식으로 보면 확실히 특이하다. 스파르타 교육의 큰 두 줄기는 공교육 제도와 공동 식사 제도이다. 모든 아이를 군인으로 길러내는 것이 가장 큰 목적이었기 때문에 신생아 중 허약아나 장애아는 산에 버렸다. 유모에게 양육

된 아이들은 일곱 살이 되면 공교육 제도에 돌입하여 스무 살이 될 때까지 거친 군사 훈련과 교육을 받았다. 다음 단계로 공동 식사 제도에 따라 서른 살까지 공동 기숙사에서 지내며 훈련을 받는다. 서른이 되어서야 비로소 완전 시민이 되어 자기 집에서 잘 수 있게 되지만, 예순까지는 계속 공동으로 식사해야 했다.

최선의 방식으로 자식을 교육한다고 주장하는 다른 그리스인은 자식이 말귀를 알아듣기 시작하자마자 곧바로 자식에게 노예를 붙인다. 그리고 자식을 교사에게 보내 문자와 음악을 배우게 하고 훈련하게 한다. 발에는 샌들을 신겨 발을 무르게 하고 옷을 자주 갈아입혀 몸을 나약하게 한다. 음식도 배부르게 먹었다.

그러나 스파르타의 리쿠르고스(Lykurgos)는 각자가 개인적으로 노예를 지정해 시종을 들게 하는 대신, 이전에 중요한 관직에 임명된 적이 있는 사람에게 아이를 맡겼다. 이런 사람을 파이도노모스(Paidonomos)라고 부른다. 리쿠르고스는 파이도노모스에게 소년들을 소집하고 감시할 권한을 주었다. 파이도노모스는 만약 어떤 소년이 게으르면 매섭게 야단쳐서 바로잡았다. 또 나이 든 청년을 매를 나르는 사람으로 지정해서, 필요하면 소년들을 벌할 수 있었다. 그 결과, 스파르타의 소년들은 위대한 자존심을 가지면서도 복종하는 덕성을 함께 갖게 되었다.

-크세노폰, 『라케다이몬인의 국가』(라케다이몬: 스파르타의 공식 국호)

위의 글에서도 알 수 있듯이 그리스의 철학자이자 저술가인 크세노폰(Xenophon)은 스파르타 교육을 후하게 평가했다.

스파르타에서는 최초로 공교육을 시행하고 여성도 교육을 받을 수 있었는데, 이는 당시로서는 혁신적인 조치였다. 고대 철학자들은 국비로 교육을 받고 시민들은 일상의 노동에서 해방된 이 나라야말로 이상적인 국가로 보았다. 아리스토텔레스는 스파르타의 교육 기회 균등을 민주정의 중요한 척도로 보았다.

많은 사람이 스파르타의 체제를 민주주의라고 한다. 그 체제가 민주주의 요소를 지니고 있기 때문이다. 우선 어린이의 교육이 그러하다. 그다음 연령 집단에서도 그러하다. 그리고 성인이 되면 재산에 상관없이 공동 식사에서 먹기 위한 절차가 모든 사람에게 동등하게 열려 있다. 그리고 어떤 부자라도 가난한 사람들이 착용하는 것을 착용한다.

-아리스토텔레스, 『정치학』

하지만 스파르타 교육이 다루는 분야는 글 읽기와 쓰기, 간단한 셈을 제외하면 주로 군가와 군사 훈련용으로 개발된 노래와 춤, 역사 공부 정도로 제한되었다. 그리스에서는 당연했던 수사학·천문·지리·기하학 등도 교육 과정에서 빠져 있었다. 아마 이것이 스파르타가 그리스 학문과 예술의 발달에 기여하지 못한 가장 큰 원인이 아닐까 한다.

스파르타가 강력해진 이유는 무엇인가

라코니아(스파르타)는 그리스에서 가장 자유로운 사람들의 고향인가 하면, 그리스에서 가장 비참한 노예의 고향이기도 하다.

-디일스 크란쯔, 『소크라테스 이전 철학의 단편들』

스파르타라는 펠로폰네소스반도에 남하한 도리스인이 기름진 라코니아 땅에 자리 잡으며 만들어졌다. 도리스인이 남하했을 당시 원래 살고 있던 사람 중 도리스인의 지배를 받아들인 이들은 반(半) 예속민인 '주변인(Perioikoi)'이 되었다. 이들은 도시나 주변의 촌락에 거주하면서 스파르타 시민에게는 금지된 상공업에 종사했다.

반면 끝까지 저항한 자들은 노예 신분의 '예속 농민(Heilotai)'

이 되었다. 이들은 국가가 배당한 토지 주변에 살면서 토지를 경작하여 시민과 국가가 요구하는 공납에서 자유롭지 않은 몸이었다. 스파르타 시민에 비해 수가 훨씬 많고 늘 반란의 여지가 있다는 이유로 감시 대상이 되었다.

주변인과 예속 농민이라는 독특한 제도로 구성된 사회구조는 기원전 8세기 말과 7세기 후반의 두 번 일어난 메세니아 전쟁을 통해 더욱 확대되고 강화되었다. 두 번의 전쟁 이후 스파르타는 메세니아의 주민 대부분을 예속 농민으로 만들고 이들의 토지를 스파르타 시민에게 나누어주었다. 이런 조치는 빈부 격차나 사회계층의 분화에 따른 사회 불안이나 정치 동요를 막고 시민의 결속을 강화하기 위한 것이었다.

완전한 시민권을 가진 스파르타 시민은 전 주민의 5퍼센트에서 10퍼센트에 불과했다. 이들은 수적인 열세 때문에 주변인이나 예속 농민의 반란을 항상 경계해야 했다. 특히 예속 농민의 반란이 상존하는 가운데 정복에 의한 사회체제와 지배자의 지위를 유지하기 위해 군국주의를 강조하고 시민 생활은 전시와 같은 체제로 조직했다. 스파르타식 교육을 포함한 스파르타의 매우 독특한 생활양식도 여기서 비롯한 것이다. 쇄국주의 경향 역시 외부로부터 새로운 사상이 전해지면 새로운 요구가 발생하는 것이 두려웠기 때문에 나타났다.

스파르타의 국가 제도는 기원전 9세기 리쿠르고스가 제정했다고 하지만 실제로는 메세니아 전쟁 승리의 결과물이었다. 두 명의 왕이 있었으나 모두 실권은 없었다. 이 둘을 포함하여 서른 명의 유력한 가문 출신의 장로회가 국정의 중요 안건을 마련하고 민회의 승인을 받았다. 그러나 국정 운영의 실권은 민회에서 선출된 임기 1년의 다섯 명의 에포르(Ephor)에게 있었다. 에포르는 스파르타의 최고 행정관직으로 이들은 집정관과 감사관의 기능을 겸했다.

• 중무장 보병 밀집대형이 그려진 화병
키기(Chigi)에서의 중무장 보병 밀집대. 중무장 보병 밀집대형의 전형을 보여준다. 전장에서는 관악기(플루트) 음악에 맞추어 전진했다. 그리스의 경우는 주로 8열로 구성되어 있다.

제3장 빛은 동방에서-서구문명의 요람이 된 그리스 문명

이런 스파르타의 정치는 왕정과 귀족정을 받아들인 민주정이라 말할 수 있다. 또 다르게는 성인 남자인 시민 전원이 토지를 배분받은 동등자로서 중무장 보병의 복무 의무를 지기 때문에 스파르타의 정치체제를 중무장 보병 민주정이라고도 할 수 있다.

스파르타와 아테네, 어떻게 다른가

스파르타와 아테네는 여러 면에서 차이가 있었다. 우선, 아테네와 스파르타는 군사적 성격과 방식이 달랐다. 아테네는 다른 폴리스에 대한 간접 지배와 착취를 추구했던 데 비해, 스파르타는 직접 지배를 선호했다. 또한 폴리스 내부에서 진행된 민주화의 수준과 범위에도 차이가 있다. 아테네는 정치적 평등을, 스파르타는 경제적 평등을 이루고자 했다.

두 국가는 시민계급을 유지할 수 있는 기반인 노예제의 운영에서도 차이가 있었다. 앞에서 살펴보았듯이 신분과 거주를 달리하는 주변인과 예속 농민으로 이루어진 스파르타의 노예제와 아테네의 동산 노예제는 근본적으로 달랐다. 즉 스파르타에서 식량을 직접 생산했던 예속 농민은, 국가 밖의 존재로서 폴리스 존립에 필수적 역할을 담당한 아테네의 동산 노예와는 몇 가지 차이가 있었다.

첫째, 아테네의 동산 노예들은 시민의 사유재산인 반면, 스파르타의 예속 농민은 시민에게 할양되었어도 궁극적인 소유자는 국가였다.

둘째, 스파르타의 예속 농민이 스파르타의 정복 전쟁에 의한 피정복민인 반면, 아테네의 동산 노예들은 주로 해외에서 사들인 것이었다. 그래서 스파르타의 예속 농민은 혈족 관계와 민족적 동일성을 가지고 연합할 수 있었다.

셋째, 스파르타의 예속 농민은 사실상 재산 소유권 비슷한 권리를 가지고 있었다. 적어도 법률상으로는 주인에게 바치는 일정량 이외의 생산물을 소유하는 것이 허가되었다.

넷째, 스파르타의 예속 농민의 수는 고대 그리스의 다른 폴리스에서는 유례를 찾아볼 수 없는 비율로 스파르타의 자유 시민 수를 압도했다. 스파르타의 시민 수는 전 주민의 5퍼센트에서 10퍼센트인 반면, 아테네에서는 민주정에 참여하는 시민이 4만 명인 데 비해, 노예는 20만 명이나 되었다.

이와 같이 노예제를 기반으로 하는 스파르타와 아테네는 각각의 고유한 사회·정치 체제를 유지하고 발전시켰다.

03

번영과 경쟁 속에 성장했던 폴리스가 전쟁으로 쇠퇴하다

그리스-페르시아 전쟁 후 페르시아의 위협을 막아내기 위해 아테네를 맹주로 한 델로스 동맹이 탄생하였다. 아테네는 이 동맹을 바탕으로 제국주의로 발전하였다.

아테네, 제국주의로 강해지다

델로스 동맹의 규약에 따르면 동맹시(同盟市) 사이에는 필요할 때에 일정한 병력과 함선을 제공해주거나, 그것이 불가능할 때에는 일정한 자금을 제공하기로 되어 있다. 실질적으로 후자의 경우가 대부분이다. 동맹시의 제공 자금을 관리하는 금고는 델로스섬에 두었기에 동맹의 명칭은 델로스 동맹으로 하고, 금고 관리는 아테네가 도맡았다.

델로스 동맹 덕에 페르시아가 점차 에게해에서 물러나면서 동맹의 일차적 목적은 사라졌다. 그러자 폴리스의 고유한 분립주의가 머리를 들고, 동맹시들은 아테네의 지배적인 우월에 반발하며 완전한 독립을 원하게 되었다. 바야흐로 동맹이 무너질 위기에 놓이게 된 것이다.

이에 아테네는 동맹시에 대한 지배에 더욱 열을 올리고, 동맹시에서 나오는 돈은 강제로 공납금으로 귀속시켰으며, 델로스섬에 있던 공동 금고마저 아테네로 옮겼다. 아테네가 제국주의의 길을 택한 데에는 페르시아의 위협도 있었지만 아테네 내부의 문제도 있었다.

기원전 5세기 중엽 아테네는 에게해의 해상무역과 상공업의 중심지로 자리 잡은 상태였다. 팽창이 극에 달해 이미 대도시가 된 아테네로 몰려온 사람들로 인해 인구도 크게 증가했다. 이런 상황에서 동맹을 해체하고 그리스-페르시아 전쟁 이전 상태로 돌아간다는 것은 경제 발전의 중단뿐만 아니라, 내부적인 사회 대립과 갈등을 일으킬 위험이 컸다. 각각의 동맹 폴리스 대부분은 아테네에 종속된 지위로 격하되었다. 이들은 아테네에 공납금을 내고, 판결권도 아테네의 시민 재판에 넘겨주어야 했다.

　이러한 변화로 불만을 품은 동맹 폴리스로 인해 아테네는 곤란을 겪기도 했다. 하지만 동맹시의 공납금과 아테네의 해상무역 주도권 강화로 이어진 이 변화는 기원전 5세기 중엽 이후 아테네의 경제 번영에 가장 중요한 기반이 되었다.

페리클레스, 그는 누구인가

　아테네에서 민주정이 완성된 시기는 페리클레스의 집권기였다. 페리클레스는 귀족 가문 출신으로, 그가 소년기에 받은 교육은 이후 정치가·장군·연설가로서 중요한 자산이 되었다. 그는 뛰어난 연설과 교양으로 대중의 마음을 사로잡았다. 페리클레스의 연설을 무척 좋아했던 아테네 시민은 그를 올림포스라는 별명으로 불렀고, 그의 연설을 두고는 천둥 번개와 같다거나 설득의 신이 그의 혀에 있다고 칭찬했다.

　그의 명성이 뛰어난 여러 자질에서 비롯된 것임은 의심의 여지가 없다. 그러나 당시의 희극 작가들은 진지하게, 혹은 농담으로 그에게 반대하며 가시 돋친 말을 많이 한다. 페리클레스가 그런 별명을 얻은 이유가 말솜씨 때문이란 점은 분명하다. 희극 작가들은

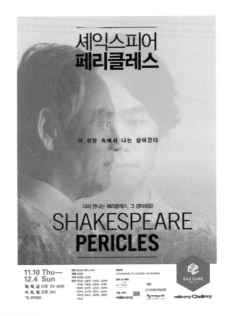

- 윌리엄 셰익스피어의 연극 〈페리클레스〉 포스터
〈페리클레스〉는 셰익스피어의 첫 번째 로맨스 희곡이다. 제1부는 젊은 시절의 페리클레스의 시대이고 제2부는 장년이 된 페리클레스의 시대이다. 셰익스피어는 그리스의 페리클레스를 희곡으로 부활시켰다. 사진은 2016년 예술의 전당에서 상연된 〈페리클레스〉의 포스터이다.

그가 청중에게 열변을 토할 때 마치 천둥과 번개 같다고 했다.

-플루타르코스, 『영웅전』

두 번의 큰 전쟁: 그리스-페르시아 전쟁과 펠로폰네소스 전쟁

앞선 그리스-페르시아 전쟁은 아테네가 민주정을 꽃피우고 그리스의 맹주가 될 수 있는 계기가 되었다. 하지만 뒤이은 전쟁의 결과는 정반대였다.

아테네가 민주정의 기반을 마련하고 얼마 지나지 않은 때였다. 소아시아의 해안 지대에 있는 그리스 식민시가 페르시아의 지배를 받게 된 것이다. 아테네의 중무장 보병 밀집대는 페르시아군을 격퇴했다. 그리스-페르시아 전쟁에서 아테네가 승리했다는 것은 전제주의로 대표되는 동방을 시민적 자유로 이겨낸 것이나 같았다.

만일 그리스가 패배했다면 서구 문명에 오랫동안 영향을 미치고 있는 고전기 문화도 없었을 것이다. 그런 의미에서 그리스의 승리는 유럽사에 결정적 사건이라 하겠다.

아테네는 승리의 여세를 몰아 성장세를 이어갔고, 델로스 동맹이 그 발판이 되었다. 아테네의 승승장구를 못마땅하게 바라보는 세력이 있었다. 바로 스파르타였다. 스파르타는 펠로폰네소스 동맹의 맹주로서 그리스 본토에서 패자로 자처하던 터라 아테네가 이끄는 델로스 동맹과 충돌할 수밖에 없었다.

이렇게 발생한 전쟁이 펠로폰네소스 전쟁이었다. 당대의 많은 그리스인은 아마 아테네가 이끄는 델로스 동맹이 승리하리라고 상상하지 않았을까? 하지만 그리스-페르시아 전쟁에서 승리에 도취되었던 아테네는 결국 이 펠로폰네소스 전쟁에서 패배하고 말았다.

　이제 아테네의 영광은 사라졌다. 바야흐로 남은 길은 폴리스 상호 간의 끊임없는 대립과 갈등을 통한 그리스 전체의 쇠퇴였다.

04

그리스 문화를 다시 생각하자

고대 그리스 문명은 우리에게 푸른 지중해와 대리석 신전 같은 다소 낭만적인 이미지로 익숙할 듯싶다. 동시에 그리스의 많은 유적과 유물·신화·문학·정치·철학·과학 등에 남긴 뛰어난 업적을 떠올릴 수도 있겠다. 이런 업적과 더불어 지금까지도 그리스 문명은 민주주의와 법치의 원천이자 인간 중심적이고 합리적인 문명으로서 서양사 속에 자리하고 있다.

이렇게 서양 사람들이 그리스 문명을 강조하는 것은 그리스 문명의 '세속성'과 '합리성' 때문이다. 인간과 자연의 모든 문제에 대한 합리적인 접근이 다른 문명과 차이를 가져왔다는 것이다. 특히 서양 근대 문명의 근간이 중세 시대에는 망각되었던 그리스 문명을 되살린 르네상스 시대와, 그 후에 나타난 과학혁명·계몽사상·근대 민주주의 등은 모두 그리스 문명에 의존한 바가 크다는 것이다.

그리스 문명을 바라보는 색다른 시선

그리스 문명에 대한 찬사에는 양면이 있다. 그리스 문명을 높게 평가하고 미화할수록 그리스 이외의 문명에 대한 상대적인 저평가란 굴레가 따라오기 때문이다. 그리스 문명은 자유롭고 개방적인 문명으로, 그리스 문명 이외의 문명은 전제적이라거나 노예제 중심의 문명으로 묘사되곤 한다. 이것은 전 역사에 걸쳐 유럽과 비유럽을 구분하는 척도가 된다.

그리스 문명을 바라보는 이러한 관점은 서양 사람에게만 그치지 않는다. 이 시각은 비서양 세계의 역사 인식에까지 중대한 영향을 미친다. 지금의 세계사 자체를 서양 역사학자가 만들었고, 현재까지도 학계에서 지배적인 위치를 점하고 있기 때문이다. 그렇기 때문에 서양사, 나아가 세계사의 많은 부분이 이렇게 서양 학자에 의해 왜곡되어 있을 가능성을 염두에 두어야 한다.

한국의 교과서들도 이러한 서구인의 시각에서 자유롭지 않다.

한국의 『사회』와 『세계사』 교과서를 보면 아테네 민주주의를 현대 민주주의의 기원으로 보고, 그리스 문화의 모든 측면에 대해 긍정적으로 평가한다. 그리스 문명이 정말로 어떤 것인지, 그것이 오늘날 우리와 어떤 관계에 있는지 진지하게 따져보지 않는다는 점에서 아쉬움이 있다. 과연 우리가 고대 그리스 문명을 이처럼 비판 없이 받아들여도 되는 것일까? 서양 사람의 주장을 과연 그대로 믿어도 되는 것일까?

사실 그리스 문명은 결코 독자적·독창적으로 발전하지 않았다. 특히 그리스는 오리엔트 문명으로부터 큰 영향을 받았다. 그리스와 오리엔트는 지리적으로 맞닿아 있기 때문에 문화도 서로 연관될 수밖에 없었다. 유명한 그리스 학자 대부분이 이오니아 지방 출신이라는 사실이나 이집트인·페르시아인의 이야기가 그리스 연극이나 철학 저술에서도 자주 등장했다는 점에서도 이런 연관성을 볼 수 있다.

같은 맥락으로 그리스를 이어 발흥한 헬레니즘 문명의 의미와 비중도 축소되었다. 헬레니즘 문명은 알렉산드로스 대왕에 의해 그리스 문명이 오리엔트 문명과 만나게 되면서 만들어진 문명이다. 기존 시각에서는 헬레니즘 문명을 오리엔트 문명과 결합되면서 기존의 그리스 문명이 퇴화하게 된 단계로 이해하곤 한다.

그래서 헬레니즘 문명은 고전기 그리스에 못지않은 수준 높은 문화인데도, 그리스인에 의해 계몽된 이류 문명으로 부당하게 평가되었다.

더욱이 유럽은 그리스 문명의 유일한 후계자라고도 할 수 없다. 오히려 비잔티움 문명이나 중세 이슬람 문명이 그 직접적인 후예라고 할 수 있다. 로마 말기부터 중세 때까지 1,000여 년 동안 유럽인은 그리스 문화와 거의 단절되다시피 했기 때문이다.

유럽인이 그리스 문화를 다시 접하게 된 것은 12세기에 들어서이다. 유럽의 중세 사회가 점차 안정되며 아라비아어판으로 전해오던 고대 그리스 저술이 라틴어로 번역되기 시작했다. 13세기 후반에야 아리스토텔레스의 대부분 저서가 라틴어로 번역될 정도가 되었다.

따라서 그리스적 전통이 역사 속에 자연스럽게 근대 서양으로 이어진 것은 아니다. 18세기 말까지도 유럽인은 자기 문화의 뿌리를 로마와 기독교에서 찾을 따름이었다. 그랬기 때문인지 유일신을 믿는 유럽인으로서는 다신교 중심인 그리스 문화가 가깝게 느껴지지 않았다.

또한 서양 사람들은 보통 근대 민주주의의 근원을 아테네 민주주의에서 찾는다. 하지만 당시 사회 모습은 지금의 민주주의 사회화는 매우 달랐다. 더욱이 고대 그리스는 기본적으로 노예제 사회였다. 서양 학자들은 전통적으로 아테네 노예제에 대한 거북한 태도를 보였다. 노예제는 그들이 바라는 민주적이고 평등한 사회와 잘 맞지 않기 때문이다.

그리스의 예술 역시 근대 서양의 시각으로 왜곡된 부분이 있다. 많은 사람이 인간적인 아름다움으로 찬탄하는 그리스 조각들은 사실 인간이 아닌 신의 모습을 표현한 종교 조각들이었다. 우리에게 알려진 대표적인 사례들 외에는 인간의 모습을 한 신상뿐 아니라 동물을 숭배한 흔적이 나타난다.

이런 생각은 어떻게 굳어지게 되었는가

유럽에서 그리스 문명을 다르게 바라보기 시작한 것은 오래지 않은 과거부터였다. 18세기 후반부터 그리스로 여행을 가는 일이 유행하면서 많은 여행기가 발간되고 읽혔다.

하지만 가장 결정적으로 그리스가 유럽인에게 받아들여진 데에는 빙켈만(Johann Joachim Winckelmann)의 공이 크다. 로마 교황청의 고대 유물 수집 관리인이었던 그는 죽을 때까지 그리스·로마 조각에 관해서 유럽 최고 권위자로 인정받았다. 고대 미술에 관해 쓴 『고대 예술사(Geschichte der Kunst des Alterturns)』는 그의 가장 큰 업적이다.

1806년 프랑스와의 전쟁에서 패한 프로이센은 국민의 사기를 북돋우기 위해서 대대적인 개혁을 진행했다. 그 개혁의 내용 중에는 그리스 고전을 중등학교인 김나지움(Gymnasium)의 교육과정에 넣는 내용이 포함되어 있었다. 이는 그리스인의 특징 중 이상적이라 여겨졌던 것을 프로이센의 청년들에게 가르치려는 의도였다.

이렇게 시작된 그리스 고전 교육은 점차 유럽 전역과 미국에까지 영향을 미치게 되었다. 이런 과정을 통해서 서구권의 사람들이 그리스 문화를 자기 문화의 기원으로 여기게 된 것이다.

19세기 초부터 유럽 여러 나라들이 그리스 유물을 수집하기 시작한 것도 이런 분위기와 무관하지 않다. 이제 이들은 고대 그리스의 계승자라고 자부하게 되었다. 동시에 비합리적으로 보이는 노예제나 성적 문란 등은 가능한 한 축소시키려고 했다. 서양 사람들이 19세기 이후 쓴 그리스 역사책에는 이런 민낯이 숨겨져 있었던 것이다.

05

헬레니즘 제국이 동서양 문화를 융합하다

알렉산드로스 대왕(Alexanderos III Magnus, 재위: 기원전 336~기원전 323)
은 어린 시절부터 고대 종교와 호메로스의 『일리아스』에 나오는
트로이 전쟁에 깊이 심취해 있었다. 훗날 페르시아 원정 중에도
그는 이 책을 늘 곁에 두었고, 잘 때도 베개 밑에 넣고 잘 정도였다.

열세 살부터 그는 아리스토텔레스의 가르침을 받았다. 스승에
게서 호메로스를 비롯하여 문법·음악·기하학·수사학·의학 등
그리스의 학문을 배웠다. 그가 그리스 문화를 존중하고 애호한
것은 이런 교육에서 비롯된 것으로 보인다.

하지만 그의 비범함은 아버지 필리포스 2세(재위: 기원전 359~기원

전 336)의 승전보를 듣고 탄식했던 말로 가장 잘 드러난다.

"아버지가 계속 전쟁에 이겨 모든 것을 다 이루면 나에게는 중요한 일을 할 기회가 하나도 남지 않을 게 아닌가!"

헬레니즘 세계의 통일과 알렉산드로스 대왕의 등장

알렉산드로스 대왕의 동방 원정부터 이집트 프톨레마이오스 왕조의 종말과 로마의 지중해 세계 통일 시기까지, 동서 교류가 촉진된 이 독특한 시기를 헬레니즘 시대라 부른다.

이 기간에 그리스인이 오리엔트 지역으로 대거 이주했고, 상권이 확대되었다. 이 과정에서 유럽과 오리엔트의 문화가 융합되어 간다라 미술과 같은 독특한 양식이 생겨나기도 했다.

알렉산드로스 대왕의 동방 원정은 지중해 세계와 오리엔트 세계를 하나의 교역권 또는 경제권역으로 묶었다. 이에 상업·무역·제조업이 발달하면서 경제의 중심지는 확장되고 도시가 번영했다. 급격하게 늘어난 인구로 식량문제가 생겨나자, 목축을 포함한 농업 생산 증대를 위한 노력이 이루어졌다.

이렇게 경제적으로 발전을 이루자, 도시와 농촌에서는 새로운 중산층이 형성되었다. 이들 대부분은 그리스계를 중심으로 한 이주민이었다. 이에 비해 원주민은 이들에게 종속되었다. 이처럼

- **알렉산드로스 대왕 모자이크화**
  폼페이에서 출토된 모자이크화로 이소스의 전투 또는 알렉산드로스 대왕과 페르시아 군대의 전쟁을 묘
  사했다. 알렉산드로스 대왕의 궁중 화가 필로크세노스의 걸작을 모자이크로 만든 것이다.

헬레니즘 시대의 경제 번영은 실제적으로 노예노동과 원주민의
착취로 이루어진 것이다.

　헬레니즘 시대에 들어오면서 노예노동이 확대되어, 거의 전적
으로 노예노동에 의존하는 대규모 농업경영이 나타나고 곡물 가
격의 변동을 이용한 투기도 상당히 성행했다. 그 결과 수공업은
생산 규모가 더 커졌다.

　알렉산드로스 대왕이 죽은 후 제국의 통치권을 둘러싸고 후계

자들 사이에 치열한 갈등과 분쟁이 계속되었다. 이 권력 다툼에서 세 왕실만이 남았다. 오리엔트와 소아시아 일부를 지배하는 시리아의 셀류쿠스 왕조, 이집트의 프톨레마이오스 왕조, 마케도니아의 안티고누스 왕주이다. 끊임없는 전쟁을 통해 이들 헬레니즘의 3대국의 자원과 국력은 고갈되고 내부 분열은 가속화되었다. 알렉산드로스 대왕 사후 헬레니즘 세계는 각기 서로 다른 역사적 전통을 가진 여러 지역으로 다시 분열되었다.

헬레니즘 세계의 보편적이고 실용적인 문화는 어떻게 생겼을까

기원전 334년 알렉산드로스 대왕은 아시아 원정을 시작하여 소아시아의 시리아·팔레스타인·이집트 등지를 공격했고, 멀리 인더스강까지 점령했다. 이렇게 해서 탄생한 대제국은 그리스 문화를 전파하는 기지 역할을 담당하기도 했다. 이런 정복 전쟁의 결과로 그리스와 동방의 융합한 문화가 탄생하게 되었다. 넓은 의미에서 이 시기부터 생성되기 시작한 문화를 헬레니즘 문화라 할 수 있다.

그러나 더 자세히 구분해보면 진정한 헬레니즘 문화는 알렉산드로스의 정복 전쟁이 끝난 뒤부터 발달했다고 할 수 있다. 헬레니즘 문화는 서로 다른 여러 인종이 혼합되어 어느 정도 규격화된 도시 생활을 영위하면서 탄생한 일종의 공동 문화였다. 예를 들어 이주민을 포함한 대부분의 시민은 비슷한 구조의 공간에서 살면서 '코이네(koine)'라는 공용화된 그리스어로 소통했다.

이러한 헬레니즘 시대의 보편주의를 세계 시민주의 문화라고 부르기도 한다. 이것은 동방 원정 이후 나타난 범민족적 또는 초민족적 국가가 등장한 이후에 나타난 사고의 경향이다.

이로 인하여 그리스인은 개인주의적이면서도 상대주의적인 생활 방식과 취향을 가지게 되었고 사상·종교·미술·과학·기술 등 이러한 세계관에 기초한 실용주의적·현실주의적 문화가 드러난다.

헬레니즘 문화의 보편성과 실용성은 그리스인에 뒤이어 고대 지중해 세계를 주도했던 로마인의 기질에 잘 어울렸다. 이 문화의 도움으로 로마인은 고대 문화를 종합하고 체계화할 수 있었다. 그러므로 헬레니즘 문화는 헬레니즘 이전의 그리스 문화와 로마 문화를 연결하는 다리가 되었다.

그런 의미에서 헬레니즘 문화는 폴리스의 울타리를 넘어서 주변의 다른 문화들과 융합하며 세계적인 문화로 다시 태어난 그리스 문화였다.

역사는 현재와 과거의 대화이다

다음 두 연설문은 기원전 431년에 페리클레스가 그리스-페르시아 전쟁에서, 그리고 1863년에 링컨이 남북전쟁에서, 각각 전사한 병사를 추모하기 위해 쓴 연설문이다. 2,300여 년이라는 어마어마한 시간차가 있지만 병사를 추모하는 마음에는 별 차이가 없다.

페리클레스의 연설문에서 현대 민주정의 국민 자치, 법치주의 등을 이미 말한 바 있다. 링컨이 남긴 명언 '인민의, 인민에 의한, 인민을 위한'은 페리클레스의 정의를 구체화한 것이라고 볼 수 있다.

우리가 가지고 있는 국법은 이웃 나라의 법들을 모방한 것이 아닙니다. 사실 우리가 다른 것을 모방하기보다는 우리가 다른 사람에게 모방이 됩니다. 그리고 국법의 이름은 민주정입니다. 왜냐하면 소수가 아니라 다수가 국가의 일을 관리하기 때문입니다.

-투키디데스, 『펠로폰네소스 전쟁사』

우리 조상들은 모든 사람이 자유 속에서 평등하게 창조되었다는 신념으로 나라를 건국했습니다. ……우리 앞에 남은 그 미완의 큰 과업을 다하기 위해 지금 여기 이곳에 바쳐야 하는 것은 우리 자신입니다. ……신의 가호 아래 이 나라는 새로운 자유의 탄생을 보게 될 것이며, 인민의, 인민에 의한, 인민을 위한 정부는 이 지상에서 절대 사라지지 않을 것입니다.

-에이브러햄 링컨, 「게티즈버그 연설문」

고대 그리스 아테네에는 몇 명이 살았을까

아테나이오스의 『연회의 학자들』 중에는 "[기원전 4세기 말] 아티카에서는 주민 인구조사가 행해졌다. 그 결과로 아테네 시민(18세 이상 성년 남자) 2만 1,000명, 거류 외국인 1만 명, 노예 40만 명이 있었던 것을 알았다"는 구절이 나온다. 인구조사의 기록을 통해서 대략적인 인구 수를 추정해본 것이다.

이와 다르게 "시민 3만~4만 명, 가족을 포함해 12만~13만 명, 외국인 1만 명, 가족을 포함해서 3만~4만 명, 노예 약 10만 명 정도로 추정하면 대략 맞을 것이다"라는 언급도 있다.

기원전 5세기경 아테네에서 시민들은 두세 명의 노예를 소유하면서 스스로도 생산노동에 종사하고 있었다. 하지만 수공업 분야에서는 많은 노예를 부리는 사람도 있었다.

그간 밝혀진 여러 지표들을 가지고 대략의 인구를 추측해볼

수 있지만 역시 정확한 숫자는 아니다. 사실상 고대의 인구 수를
밝히는 일은 쉽지 않다.

• 아테네의 인구 변동 (단위: 1,000명)

연도 (기원전) / 신분	480	432	425	400	360	322	213
시민	25~30(35)	35~45(43)	(29)	20~25(22)	28~30	(23)	21(21)
시민과 가족	80~100(140)	110~150(172)	(116)	60~90(90)	85~110	(112)	60~65(84)
거류 외국인	4~5(?)	10~15(9.5)	(7)	6~8(?)	10~15	(12)	10(10)
거류 외국인과 가족	9~12(?)	25~40(28.5)	(21)	15~25(?)	25~50	(42)	25~35(35)
노예	30~40(?)	80~110(115)	(81)	40~60(?)	60~100	(104)	50~90(?)
합계	100~150(?)	213~300(317)	(218)	115~175(?)	170~225	(258)	135~190(?)

출처: 김창성, 『사료로 읽는 서양사 1』, 고대편, 책과함께, 2014.

추정인구 수는 곰(A.W. Gomme)의 연구이고, ( ) 안의 추정인구 수는 에렌버그의 수정치이다. 노예 인구 수는 대단히 불확실하다.

모든 고대사는 호수로 흘러 들어가는 강물처럼 로마 역사 속으로 흘러 들어갔으며, 모든 근대 역사는 로마 역사로부터 다시 흘러나왔다.

-레오폴드 폰 랑케, 『근세사의 여러 시기들에 관하여』

독일의 역사학자 랑케가 남긴 명문이다. 이 한 문장처럼 로마의 역사를 간결하면서도 분명하게 평가한 말은 없을 것이다. 로마 역사는, "로마는 하루아침에 이루어지지 않았다"는 말처럼, 장구한 1,000년 역사의 결과이다.

제4장

작은 언덕마을에서
지중해의 주인으로 성장한 로마

01

괴테가 사랑한 매력과 마력의 도시

로마의 팽창은 단순히 군사적 정복의 결과라기보다는 '동맹과 편입'이라는 '로마식' 통치의 결과였다. 기원전 2세기 말 아시아까지 팽창의 범위를 확장한 로마는 기원전 1세기, 군인 정치가의 등장과 두 차례의 삼두 정치라는 과정을 거치며 중부 유럽으로까지 진출했다.

이런 와중에 일어난 내전에서 최후의 승자가 된 옥타비아누스는 이집트를 정복하고 로마 제국의 토대를 굳건히 했다. 그 뒤 200년 동안 로마는 지중해를 '우리의 바다'로 부르며 '로마의 평화(팍스 로마나)' 시대를 맞이했다.

- **이탈리아를 여행하는 괴테**
  「캄파냐에서 여행 중인 괴테」(1787). 독일의 화가 티슈바인의 대표작으로 괴테가 두 번째로 로마에 방문했을 때 그려진 것이다.

- **영화 〈로마의 휴일〉에 나오는 '진실의 입'**
  고대 로마는 습지의 물을 빼면서 도시로 발전한 곳이었다. 사진 속 '진실의 입'은 원래 고대 도시 로마에 건설된 하수도 맨홀 뚜껑이었다. 영화에 나온 이후 '진실의 입'이 있는 성당은 세계적인 관광지가 되었다.

독일의 대문호 괴테(Johann Wolfgang von Goethe)는 1786년 9월 3일 독일에서 출발하여 1년 9개월 동안 이탈리아를 여행했다. 이 여행 뒤에 나온 책이 바로 그 유명한 『이탈리아 여행기(Italienische Reise)』이다. 그가 이탈리아로 여행한 목적은 도시 로마에 가는 것이었다. 그는 로마에 도착한 날을 자신의 '제2의 탄생일'이자 '진정한 삶이 다시 시작된 날'로 표현할 정도로 중요한 의미를 두었다. 책 속에도 1786년 10월 29일, '어찌할 수 없는 욕구에 이끌려' 너무나 동경했던 '영원한 도시'에 오게 되었음을 고백하고 있다.

내가 이 길고 고독한 여행을 하기로 한 것은 어찌할 수 없는 욕구에 이끌린 것이었다. 드디어 이 세계의 중심지에 방문하게 된 것이다. 정말이지 몇 년 동안 병이 든 것 같았다. 이 병을 고칠 방법은 오로지 이곳을 내 눈으로 직접 보며 지내는 것이다. 이제 와 고백하지만…… 이 나라를 보고자 하는 욕망이 너무나 강렬했기 때문이다.

-괴테, 『이탈리아 여행기』

그는 당시 이탈리아 여행 동안 '위대한 학교'이자 '매력과 마력의 도시'로 칭했던 도시 로마에 두 번이나 머물렀다. 그러면서 도시 로마에 있는 유명한 유적을 일일이 답사하고 건축물과 조각품, 그림을 감상하면서 대부분 시간을 보냈다.

그렇다면 괴테와 같은 대문호가 이처럼 사랑했던 도시 로마에는 어떤 매력이 있었던 것일까?

02

작은 도시 국가가 이탈리아를 통일하다

도시 로마를 여행하다보면 곳곳에서 늑대 상이나 늑대를 소재로 한 그림을 보게 된다. 그 이유는 로마 신화 속 주인공이자 로마의 건국 설화의 주인공인 로물루스에게 있다.

로마의 건국 신화에 따르면 기원전 753년에 로물루스가 로마를 건국하고 스스로 제1대 왕이 되었다고 한다. 신화의 내용인 만큼 이 사실에는 다분히 논쟁의 소지가 있다. 건국 신화 속 내용을 제외하고는 로물루스에 대해서는 알려진 바가 거의 없었다. 그런데 최근 이탈리아에서 이루어지고 있는 활발한 발굴로 신화 속 이야기 중 많은 부분이 역사로 재평가되고 있는 분위기이다.

이 도시는 로물루스가 최초로 만들었다. 이만큼 국가의 기원이 모든 사람에게 분명하게 알려진 예가 있는가? 로물루스는 전쟁의 신 마르스의 아들로 태어났다. 오래전 현명한 조상으로부터 전해 온 이야기에 따르면 그는 신과 같은 능력을 가지고 태어났을 뿐만 아니라 세속의 공직을 맡을 자격이 있었다. 왕은 자신의 두려움을 떨쳐버리고자 로물루스와 동생 레무스를 티베리스강에 함께 던지라고 명령했다. 로물루스는 거기서 야생 짐승(늑대)의 젖꼭지를 빨아 생명을 유지했다. 그를 거둔 목자는 밭갈이와 노동으로 그를 강하게 했다. 마침내 그가 성년이 되었을 때는 육체적 힘과 정신적 용기가 다른 사람보다 뛰어났다. 지금 이 도시가 있는 땅에 정착한 모든 이들이 자발적으로 그에게 복종했다. 이제 전설에서 사실로 옮겨가 보면, 로물루스의 추종자가 늘어나자 스스로 우두머리가 되어 당시 강했던 도시를 제압하고 그 나라의 왕을 처형했다고 전해진다.

-키케로, 『국가론』

로마인은 가장 이상적인 로마인의 모습을 로물루스에게서 찾았다. 이를 신화의 형태로 교육함으로써 자신의 사회와 제도를 유지하는 데 활용했다. 로물루스는 원로원 의원보다는 대중 사이에서 더 인기가 있었으며, 누구보다도 오랫동안 군인에게 환영받았다. 로물루스는 오랜 시간 동안 로마인이 끊임없이 역사를 이어가게 하는 힘이 되었다.

로마, 공화정으로 발전하다

로마 공화제 수립 후 2세기 동안 귀족과 평민 사이에는 심한 알력이 있었다. 팽창을 계속하던 로마는 군 복무와 납세의 의무를 지고 있었던 평민에게 크게 의존했지만, 정치적·사회적 불평등은 개선되지 않았다. 그 때문에 평민은 법적 평등과 정치 참여를 위해 투쟁했다. 이 투쟁은 도시국가인 로마가 이탈리아반도를 통일하는 과정이자 민회 성립의 과정이 되었다.

평민의 투쟁은 기원전 5세기 초 성산(聖山, Mons Sarcer)사건에서 시작되었다. 이후 귀족 세력은 평민의 요구를 받아들여 평민회를 만들고 호민관 제도를 마련했다. 이어 기원전 451년에는 성문법인 '12표법'이 제정되어 귀족의 자의적인 법 운용을 통제하였다. 기원전 445년 귀족과 평민 간의 결혼이 법적으로 인정되었다.

기원전 5세기 이후 도입된 중무장 보병의 밀집대 전술이 가져온 변화 역시 상당했다. 중무장 보병 밀집대를 중심으로 전면적인 군제 개편을 단행하면서 모든 시민이 시민군이 되고, 혈통이

나 신분 대신 재산으로 군 편제와 계급을 구분하게 되었다. 이 새로운 군제를 바탕으로 무장할 수 있는 모든 시민이 구성원인 '병사회'라는 핵심적인 민회가 구성되었다. 이렇게 평민이 형식상으로라도 국정에 참여할 기회를 갖게 되었고, 그중에서도 부유한 사람은 실질적 발언권을 갖게 되었다.

리키니우스 법이 제정된 이후 차례로 독재관·감찰관·법무관 등의 정무관직이 평민에게 개방되었으며 평민이 맡을 수 있는 새로운 관직도 생겨났다. 시민에게는 민회를 통해 집정관의 사형선고에도 항소할 수 있는 권리가 생겼다. 더 나아가 평민회의 결정이 원로원의 승인을 거치지 않고 그대로 법으로 인정되었다. 이로써 평민회는 정식으로 입법권을 행사하고 실질적인 민회 기능을 발휘하게 된 것이다.

무려 2세기 동안 꾸준히 벌어진 '신분 투쟁'을 통해 평민은 귀족과 형식적으로 거의 대등해졌다. 지난한 과정을 거치면서 마련된 평등한 신분으로 인해 로마 시민의 일체감이 강화되었고, 이것을 바탕으로 조직된 시민군은 로마 팽창의 거대한 동력이 되었다. 더구나 귀족과 평민의 절충과 양보로 유혈 사태 없이 이루어낸 이런 과정은 로마 팽창에 크게 이바지했다. 이를 통해 로마 지배계급의 현명한 정치 감각을 엿볼 수 있다.

03

포에니 전쟁으로 변화의 바람이 휘몰아치다

포에니 전쟁은 지중해로 진출하려는 로마와 지중해 무역을 독점하려는 카르타고와 벌인 전쟁이었다. 로마는 전쟁을 치른 후 지중해 세계를 점령하고 세계 제국으로 성장했지만, 기원전 2세기경부터 여러 가지 변화를 겪게 되었다.

급격한 변화의 광풍이 불다

로마는 시칠리아섬을 최초의 속주로 편입한 이래 계속해서 속주를 넓혀갔다. 여기에 파견된 총독의 주 업무는 속주민에게 군사·행정 비용을 포함한 세금을 징수하고 착취하는 일이었다. 세금 징수에는 로마의 악질적인 대금업자와 상인, 중간이윤을 챙기려는 징세 청부업자(Publicanii: 『성경』에서는 '세리稅吏'로 표기된다)가 몰려들었다. 이렇게 속주에서 돈을 벌어 돌아온 사람들이 많아지자, 무역품 수요도 늘고 무역 종사자와 상인층도 증가하여 많은 은행이 생겼다.

반대로 농업의 쇠퇴는 더 가속화되었다. 전쟁 이후 농지가 황폐해지고 중소농의 몰락과 토지 소유의 집중도 가속화되었다. 시칠리아섬을 합병한 후에 공납 곡물이 로마로 유입되면서 로마에서 생산한 곡물은 가격을 유지하기도 어렵게 되었다. 따라서 곡물보다 과수 재배가 많아지고, 개량된 농경법이 도입되는 등 농업 생산 체제에 변화가 일어났다. 또한 많은 포로의 강제 노동으로 기원전 200년대까지 대농장제(latifundium)가 일반화되었다.

이로 인해 로마 초기 사회의 핵심 세력이었던 자유 신분의 중소농층이 몰락하고 소작인 제도가 나타났다. 토지가 없는 빈민층, 부채에 허덕이는 계층도 생겨났다. 지중해와 흑해 등지에서 이루어진 교역 활동과 상공업이 전통 농업을 몰락시켰고, 쇠락한 중소농을 대신하여 상인이 새로운 부유층으로 등장했다.

이런 부의 축적은 로마인의 생활을 크게 변화시켰다. 이런 변화에 대해 로마의 정치가 카토(Marcus Porcius Cato)나 시인 호라티우스(Flaccus Quintus Horatius) 등은 사치와 극단적 이기심을 조장하여 전통적인 정신과 도덕을 잃게 되었다고 평가하기도 했다.

그라쿠스 형제, 급진적인 개혁을 단행하다

그라쿠스 형제는 포에니 전쟁 이후 사회가 급변하면서 생겨난 많은 문제를 해결하고자 했다. 이에 그는 자유농민의 부흥·사회 불안 해소·군사력 회복과 강화를 골자로 한 개혁 운동을 벌였다.

농지법(lex agraria)으로 혁명의 길을 닦은, 형(兄) 티베리우스 그라쿠스

형 티베리우스 그라쿠스(Tiberius Sempronius Gracchus)는 어머니의 열성적인 뒷바라지 덕에 소년 시절부터 다양하고 수준 높은 교육을 받았다. 그는 저명한 그리스인 교사들의 가르침을 받았고, 청년 시절에는 당시 저명한 연설가 디오파네스(Diophanes)에게 배우기도 했다. 기원전 133년 호민관이 된 티베리우스 그라쿠스는 농업 부흥의 필요성을 절감하고 급진적인 개혁을 추진했다.

티베리우스는 빈민에게 다음과 같이 호소했다.

이탈리아 땅을 돌아다니는 야생 짐승들도 각자 은신할 굴이나 집이 있습니다. 그러나 나라를 위해 싸우거나 죽은 사람들은 누구에게나 허락된 공기와 햇빛만 누릴 뿐, 정말 아무것도 가진 것이 없습니다. 그들은 집도 없이 처자식과 함께 떠돌아다니고 있습니다. 장군들은 전장 병사들에게 적군으로부터 묘지와 신당을 지키라고 합니다. 이는 말도 안 되는 소리입니다. 왜냐하면 병사들 가운데 누구도 세습된 제단을 가진 사람이 없고, 더군다나 이렇게 많은 로마인 중에도 조상의 묘를 가진 사람이 없기 때문입니다. 그들은 오로지 다른 사람의 부와 사치를 위해 싸우다 희생되었습니다. 그들은 세계의 지배자가 되었지만, 자신의 소유라 할 수 있는 땅은 한 조각도 없습니다.

-플루타르코스, 『영웅전』

그는 리키니우스 법의 제한을 넘어 불법으로 점유한 토지를

- **그라쿠스 형제와 어머니 조각상**
  쥘 카블리에(Jules Cavelier)의 「코르넬리, 그라크 형제의 어머니」라는 대리석 조각 작품이다. 1855년 만국 박람회에 전시되었다.

몰수하여 재산이 없는 시민에게 재분배했다. 그러나 결국 원로 원을 중심으로 한 반대파에 의해 살해되었다.

곡물법(lex frumentaria)으로 개혁의 씨앗을 뿌린, 동생 가이우스 그라쿠스

가이우스 그라쿠스(Gaius Sempronius Gracchus)는 형 티베리우스 그라쿠스보다 아홉 살 어린 동생이었다. 그는 기원전 123년 호민 관이 되자 형보다 더 과격한 입법으로 개혁을 추진했다.

동생은 형의 농지법을 부활시켰을 뿐 아니라 토지분할위원회 에 사법권까지 주었다. 가난한 시민에게는 시장가격보다 싸게 곡물을 팔고, 카르타고의 옛 영토에 식민시를 건설하여 재산이 없는 시민을 이주시키는 방안으로 민중의 지지를 얻었다. 이런 개혁은 원로원을 중심으로 한 유력한 귀족 가문에 대한 도전이었다. 결국 그의 개혁은 일부 민중·기사계급·원로원의 반대로 인해 실패로 돌아갔다.

그라쿠스 형제의 개혁 단행은 공화정 자체가 심각한 위기에 처했음을 보여주는 사건이었다. 또 개혁의 실패는 공화정의 위기가 유지되거나 더욱 심화되었음을 의미했다. 개혁에 대한 입장 차이로 로마 지배층은 귀족파와 민중파로 분열되었고, 이후 약 100년간 이들 사이에 정권 투쟁이 이어졌다.

그라쿠스 형제가 뿌린 씨앗은 한 세기가 지난 뒤 아우구스투스에 의해 로마 제정이 성립되면서 열매를 맺게 된다.

스파르타쿠스, 반란을 일으키다

노예란 단순한 물건, 단순한 도구에 지나지 않는다. 노예는 말할
줄 아는 도구이다.

-바로(Varro)

노예라는 개념은 전쟁 포로나 유기된 영아들, 자녀를 매매했
던 관습 등에서 처음 생겨났다. 빚을 지고 노예가 된 부채 노예
도 있었는데, 기원전 4세기 이후로는 특히 노예계층이 크게 증가
했다.

노예 인구 숫자는 사료의 부족과 방법론의 차이 때문에 학자

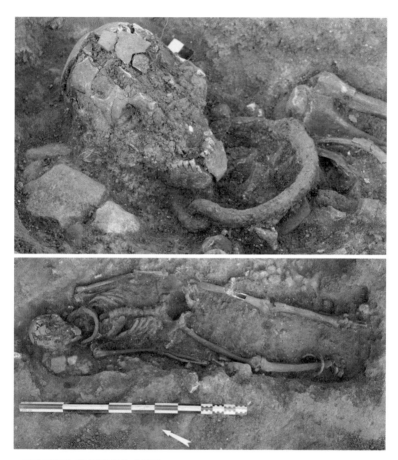

- **목과 발목에 쇠고랑을 찬 노예 유골**
  2014년 프랑스 남서부 지역 로마 시대의 집단 무덤에서 발굴되었다. 목과 발목에는 여전히 족쇄를 차고 있다.

마다 서로 달리 추정한다. 하지만 시기에 따라 큰 폭으로 변동되었고 점차 증가하는 추세였다는 점은 대체로 일치한다. 노예 인구의 변화 요인으로는 전쟁 포로와 양육 노예의 양산, 그리고 노예무역의 성행 등을 들 수 있을 것이다.

노예는 단지 말할 줄 아는 도구였다

기원전 2세기 전반 카토는 "늙은 황소와 출산을 할 수 없는 양·낡은 수레·낡은 농기구·늙은 노예·병든 노예 등은 팔아버려라"라고 충고했다. 당시 농기구나 가축과 다름없는 대우를 받았던 노예에 대한 인식을 보여준다.

하지만 같은 노예라도 맡겨진 일에 따라 처지는 조금씩 달랐다. 가장 가혹한 대우를 받은 것은 죄수 신분으로 노예가 된 광산 노예였다. 청소·요리·시중·정원 관리·회계·서기·유모·가정교사로 일했던 가내 노예들은 상대적으로 처지가 나았다. 운이 좋으면 입양되어 그 집에 양자가 되기도 했다. 검투사 노예(검노)는 훈련이 가혹했으나 운이 좋으면 최고의 인기를 누렸으며, 자유인이 될 수도 있었다.

스파르타쿠스가 노예의 자유를 부르짖다

검투사 노예의 생활은 이중적인 면이 있었다. 노예 양성소에서는 노예를 우수한 검투사를 육성하기 위해 영양가 있는 식사나 마사지 등을 세공했다. 하지만 24시간 감시를 받았고, 자살자는 끊이지 않았다. 변소에서 해면을 집어삼키고 질식사한 노예, 투기장에 마차로 가는 도중 머리를 차바퀴에 들이받아 즉사하는 노예도 있었다. 이들에게는 투기장에서 관객의 위안거리가 되느니 차라리 자살하는 쪽이 훨씬 행복했던 것이리라.

　기원전 73년 봄, 남부 이탈리아 카푸아의 노예 양성소에서 약 70명의 검투사 노예가 도망쳤다. 그 주모자는 스파르타쿠스인데, 자신들의 자유를 위해 싸우자고 동료들을 설득해서 탈주한 것이다. 이들은 카푸아에서 베수비우스산 정상에 도달했지만, 즉시 3,000명의 로마군에 포위되었다. 하지만 방심한 로마군을 기습 공격하여 격파에 성공하고, 남부의 곡창지대 캄파니아 평원까지 탈주하는 데 성공했다. 이때 가담한 노예군의 수는 1만이 넘었다.

　대부분의 노예는 학살당했다. 살아남은 노예 6,000여 명도 비아 아피아 도로변에 모두 십자가형을 당했다. 늘어선 십자가는 수십 킬로미터에 달했다고 전해진다. 자유를 찾기 위해서는 예나 지금이나 엄청난 희생이 따른다는 사실을 절감한다.

로마의 빵과 서커스 정책은
남의 이야기가 아니다

전두환 정부는 1982년에는 프로 야구, 1983년에는 프로 축구 슈퍼 리그와 민속 씨름대회를 개최했다. 세미 프로리그였던 농구 대잔치도 1983년에 시작되어 인기를 끌었다.

이 시기 정부가 주체가 되어 스포츠를 적극적으로 활성화한 이유는 무엇일까? 우리는 그 단서를 고대 로마가 시행했던 '빵과 서커스' 정책에서 찾을 수 있다.

도시 로마에 살고 있던 100만의 시민 대부분의 삶은 녹록지 않았고 생활에 대한 불만이 끊이지 않았다. 지배자들은 사람들의 원성을 잠재우기 위해 검투사 경기를 포함한 각종 경기를 열었다. 티투스 황제(재위: 79~81)는 100일, 트라야누스 황제(재위: 98~117)는 100여 일이 넘도록 축제를 열었을 정도이다.

리들리 스콧 감독의 영화 〈글래디에이터〉에서 나오는 원로원

- **영화 〈글래디에이터〉 포스터**
  로마 시대 한 검투사의 파란만장한 인생을 그린 미국 영화 〈글래디에이터〉. 영화 〈벤허(1959)〉와 비슷한
  소재와 배경을 다뤘지만, 서로 다르게 묘사된 부분이 많아 종종 비교의 대상이 되곤 한다.

의원들의 대화는 이 정책의 본질을 보여준다.

가이우스: 150일 동안의 경기라니!

그라쿠스: 내가 생각했던 것보다 황제가 참 똑똑하군. 공포와 호
기심. 강력한 결합이야.

가이우스: 로마 시민들이 그런 것에 넘어갈까?

그라쿠스: 내 생각에 황제는 도시 로마를 제대로 알고 있네. 로마
시민은 오합지졸의 군중에 불과해. 황제는 시민들에게

마법을 부릴 것이고, 그들은 현혹될 것이네. 황제는 시민에게서 자유를 빼앗을 것이지만, 여전히 그들은 즐겁게 외칠 것이네. 시민의 고동치는 심장은 원로원의 대리석이 아니라, 바로 콜로세움의 모래에 있지. 황제는 시민에게 죽음의 시합을 보여주고, 그들은 그것 때문에 황제를 사랑하게 될걸세.

로마에서 성행한 '빵과 서커스 정책'은 로마 특유의 구조에 기반을 두고 있다. 로마는 보호자와 피호민의 사회관계가 발전하여 아테네처럼 무료 혜택 제도가 정착되지 않았다. 제정기 무렵에는 황제가 유일한 시혜자가 되었다. 그 후 시민들에게 다양한 무료 혜택이 공적으로 주어졌다. 로마의 '빵과 서커스 정책'도 이런 이유에서 성행했다고 볼 수 있다.

도시 로마로 보는 인구 이야기
─한국이 직면한 인구 절벽

2018년 한국은 '인구 절벽'의 위기에 봉착해 있다. 인구 절벽이 가져올 쇼크는 1997년 국제통화기금(IMF) 외환 위기, 2008년 글로벌 금융 위기보다 더 큰 충격으로 다가올 것이다.

옛날부터 인구는 국력의 상징이었다. 인류가 생겨난 뒤로 세계 곳곳에서 정기적으로 인구 조사를 실시한 데는 그런 이유가 컸다. 로마 역시 정기적으로 인구 조사를 실시했다.

아우구스투스 등장 이전까지 총 36회의 인구 조사 기록이 확인되는데 공화정 시기의 마지막 인구 조사는 기원전 70년부터 기원전 69년까지 진행되었다. 이후 41년 만인 기원전 28년에 다시 인구 조사를 시행한 아우구스투스는 임기 중인 기원전 8년과 기원후 14년 인구 조사를 두 차례 더 시행했다.

흥미롭게도 제35회까지 인구 조사에 등재된 시민 수는 10만

명에서 40만 명 사이로 공표되었고, 공화정 시기 마지막인 제 36회 인구 조사에서는 수치가 91만 명으로 증가했다. 41년이 지난 기원전 28년에 아우구스투스가 행한 최초의 인구 조사에서는 시민 수가 406만 3,000명으로 네 배 이상 급증한 것으로 나타났다. 이처럼 41년 사이에 공표된 시민 수가 네 배 이상 급증한 것을 어떻게 보아야 할까?

아우구스투스가 행한 세 차례의 인구 조사 수치에는 그의 재위기에 인구 조사 제도의 운영 방식이 변화했다는 사실이 드러난다. 공화정 회복을 주장했던 아우구스투스는 로마의 시민 수가 더 명확하게, 다시 말해 확대된 시민 계급의 수를 반영할 수 있도록 바꾸고자 했다. 이로써 신시민이나 속주에 나가 있는 로마 시민이 인구 조사에 반영될 수 있게 한 것이다.

인구 조사에 나타나는 숫자는 단순히 사람의 수가 늘어나고 줄어드는 것만 보여주는 것이 아니다. 아우구스투스 시대의 예처럼 사회 변화에 대한 방향성과 의지가 인구 수를 좌우한다. 이런 점에서 아우구스투스의 인구 조사는 인구 절벽을 눈앞에 둔 우리에게도 시사하는 바가 크다.

다음은 『성경』에 나오는 아우구스투스 시대의 인구 조사 장면이다.

그 무렵에 아우구스투스 황제는 온 세상에 칙령을 내려 호적 등록을 하게 하였다. 이 첫 번째 호적 등록은 퀴리노가 시리아를 통치할 때 실시되었다. 그래서 모두 등록하기 위해서 각자 자기 본관 고을로 갔다. 요셉도 갈릴레아의 나자렛 고을을 떠나 유대 지방에 있는 다윗의 고을로 올라갔는데 그곳을 베들레헴이라 한다.

- 「누가복음」, 2:1~4

"모든 길은 로마로 통한다."

로마 제국의 영향력을 이처럼 간명하게 표현한 말도 없을 것이다. 19세기 로마법학자 루돌프 폰 예링은 "로마는 세 번 세계를 제패했고, 세 번 여러 민족을 통합시켰다. 첫 번째는 로마 민족이 아직 융성기에 있을 때 국가의 통합으로, 두 번째는 이미 쇠망한 후에 교회의 통합으로, 세 번째는 중세에 로마법의 계승의 결과로서 법의 통합으로 결합시켰다"고 한 것은 이를 구체적으로 언급한 것이리라. 요컨대, "로마는 첫 번째는 군사적으로 지중해 세계 정복, 두 번째는 크리스트교로 종교의 통합, 세 번째는 법의 통합으로 세계를 지배했다"고 했다.

이제, 로마가 어떻게 세계를 세 번 통일했는지 살펴보기로 하자.

제5장

영원한 제국, 로마
-세계를 세 번 통일하다

01

아우구스투스, 제국으로 거듭난 로마를 만들다

카이사르의 양아들이었던 옥타비아누스, 그가 로마 역사에서 이토록 중대한 영향을 미칠 줄 누가 알았을까? 카이사르가 권력의 정점에서 암살을 당했을 때, 옥타비아누스의 나이는 열여덟 살에 불과했다. 싸늘한 시체가 되어버린 양아버지 주위에는 권력을 독차지하기 위해 나선 노련한 장군들이 서 있었을 것이다. 하지만 아직 스무 살도 되지 않은 옥타비아누스는 기가 죽지 않았다. 그는 새로운 시대의 주인공이 되기 위해서 천천히, 그리고 부지런히 움직였다.

열여덟 살 옥타비아누스, 로마의 일인자가 되다

옥타비아누스는 치열한 권력 쟁탈의 현장에서 최후의 승자가 되었다. 승리는 단번에 이루어지지 않았다. 카이사르의 죽음을 지켜봤던 옥타비아누스(후에 아우구스투스)는 점진적으로, 그리고 주도면밀하게 승리를 만들어갔다.

악티움 해전(기원전 31)을 계기로 1세기 동안 내전을 종식한 옥타비아누스는 로마의 유일한 통치자가 되었다. 그는 기원전 27년 1월, 로마 공화국을 원로원과 인민에게 넘긴다고 선포함으로써 원로원으로부터 '아우구스투스(위대한 자)'라는 칭호를 받았다. 그는 공화정 형태를 그대로 유지하면서 점차 교묘하게 위장된 새로운 형태의 정치 체제를 굳혔다. 바야흐로 '원수정(元帥政,

시기	내용
기원전 29년	옥타비아누스, 로마 개선 후 원로원 의원 190명 숙청
기원전 28년	원로원으로부터 '프린켑스' 칭호를 받음
기원전 27년	모든 비상대권을 원로원에 반환
	원로원은 그에게 군대 지휘권을 포함한 속주의 관리와 통제를 새로 부여
	'아우구스투스'라는 존칭 선사
기원전 23년	호민관직에 선출－종신 호민관의 권한 받음
기원전 31년부터 기원전 23년까지	계속 집정관에 선출됨

• **아우구스투스의 집권 과정**

제5장 영원한 제국, 로마–세계를 세 번 통일하다

열세 번 콘술
: 종신 콘술

프린켑스 칭호

아우구스투스 칭호

국부 추대

대사제

종신 호민관

기사층지원

재정

군대

- **아우구스투스의 원수정 구조**
  아우구스투스가 권력을 잡는 과정은 로마 제정의 출발이 되었다. 그의 정치체제인 '프린키파투스'는 '원수정'이라고 한다. 원수정은 포괄적으로는 제정에 포함된다.

Principatus)'이 이룩된 것이다.

독일의 역사학자 몸젠(Theodor Mommsen)은 아우구스투스의 원수정을 원로원과 프린켑스가 이끄는 체제로 파악했다. 다시 말해 전제정과는 다른 일종의 '양두정'으로 규정하였다. 결국 원수정 체제에서 아우구스투스의 권한은 대외적으로 속주에 대한 통제권, 대내적으로는 호민관, 원로원 의장으로의 권한으로 한정된 듯 보였다.

이런 구조는 그에게 합법적인 통치자라는 외형을 제공했다. 하지만 실상은 그렇지 않았다. 둘로 나뉜 것은 행정상의 업무뿐이었고 정치권력은 한 사람에게 집중되어 있었다.

아우구스투스 통치의 본모습은 이렇다

아우구스투스의 등극 이후 로마 사회는 공화정 후기와 별로 달라진 것이 없었다. 원로원 의원과 기사 신분은 각각 사회의 제1신분, 제2신분으로 자리 잡고 있었으며, 지주이자 노예 소유자로서 경제적 지위도 거의 변함없이 유지되고 있었다. 원로원·민회·행정관직 등 공화정기의 국가 구성 요소들도 그대로였다. 이런 상황에서 아우구스투스의 절대적 권력도 공화정기의 구조 속에 녹아들어간 듯 보였다.

그러나 사실상 입법·사법·재정, 그리고 이탈리아와 속주에서의 군정과 민정에 관한 모든 실권은 아우구스투스에게 집중되어 있었다. 새로운 정치 질서는 분명히 군주정의 권력 구조였다. 다만 여러 가지 공적 업무가 대체로 공화정기의 관행에 따라 원수와 원로원으로 분담되어 있었다. 말하자면 원로원의 기능과 권한은 축소된 듯 보이지만 사실은 위장된 전제정이었다.

아우구스투스 통치의 두 기둥은 군대와 재정이다

아우구스투스는 로마 시민과 속주민의 전폭적인 지지와 신임을 통치의 기반으로 삼았다. 그러나 이보다 더 실질적인 기반은 '군대'와 '재정'에 대한 통제권과 관리권에 있었다.

그는 제도를 활용해서 군 전체를 장악하였다. 직업군인을 상비군으로 만들고 제국 내 모든 군사력에 대해 '상급 통수권'을 가졌다. 동시에 자신의 개인 재산으로 군의 봉급과 연금을 지급했다. 이로써 모든 군대가 아우구스투스 개인에 충성하게 된 것이다. 그는 이런 방식으로 자신의 체제를 유지하기 위한 물리적인 무력을 확보했다.

체제 유지의 노력은 재정 면에서도 여실히 나타난다. 그는 재정적 안정을 위해 폐단이 많았던 징세 청부제도를 근본적으로 개선하고자 했다. 이를 위해 징세 청부업자를 엄격하게 관리하고 징세 대상을 획정하기 위해 정확한 인구조사와 재산평가에 착수했다. 그러나 이 모든 과정은 빠른 시간에 이루어지기 어려웠다. 그렇기에 당장 급박한 파산을 막기 위한 유일한 길은 '황제의 개인 재산에 의존하는 길'뿐이었다.

국가 재정을 아우구스투스의 개인 재산에 의존하였고, 원로원은 황제가 직접 관리하는 속주 수입에는 손댈 수 없게 되었다. 속주에서 거둔 수입을 모아 원로원이 관리하던 '로마 금고'도 황제의 감독을 받게 되었다. 점차 국가재정은 아우구스투스의 재정이나 다름없게 되었다.

아우구스투스는 이탈리아뿐만 아니라 제국 전역에서 기사 신분을 새롭게 육성하였다. 이들은 아우구스투스에게 집중된 권력과 업무를 보좌하고 대행할 일종의 전문 관료직과 그의 신변과 권력을 보위하는 친위대 사령관직, 속주에 배치된 정규군단의 고급 장교로 기용되었다. 이런 기사 신분의 활용은 원로원의 역할과 권한의 축소에 많은 영향을 미쳤다.

02

영원한 제국 로마, 피고 지다

로마는 아우구스투스의 치세부터 마르쿠스 아우렐리우스의 치세까지 약 200년 동안(기원전 27~기원후 180), '팍스 로마나(Pax Romana: 로마의 평화)' 시대를 맞았다. 이 시기에 로마는 외침과 내란이 없는 평화를 누렸고 넓은 영토를 갖게 되었다.

아우구스투스에서 트라야누스 시대까지 로마는 계속적으로 팽창했다. 아우구스투스는 다뉴브강 상류로 국경을 확장하였고, 그 후 판노니아(현재 유고슬라비아와 헝가리) 지방을 점령한 뒤 라인강을 넘어 엘베강까지 영토를 넓혔다.

로마는 스코틀랜드 국경에서 페르시아 국경에 이르기까지 지배를 하였다. 지중해 전체가 로마의 단일 지배를 받게 된 것이다.

그런데 이 시기는 정말 평화로웠을까? 로마 역사상 보기 드물게 평화로운 때이긴 했지만, 군대 출병과 충돌이 잦았다. 로마의 지배층에게는 태평성대였겠지만, 로마의 지배를 받는 지역민은 고통을 받고 있었다.

다섯 명의 현명한 황제, 오현제

기원후 96년부터 180년까지의 황제인 네르바(재위: 96~98), 트라야누스(재위: 98~117), 하드리아누스(재위: 117~138), 안토니우스 피우스(재위: 138~161), 마르쿠스 아우렐리우스(재위: 161~180)는 다섯 명의 현명한 황제, 즉 오현제(五賢帝)로 불린다. 이들의 통치 기간에 로마 제국은 가장 긴 안정기를 누렸다. 이들은 제국과 자기들이 다스리는 사람들의 복지를 증진하는 데 가장 큰 관심을 기울인 황제들이었다.

대혼란의 시기가 오다

다섯 황제의 시기가 끝나고 기원후 182년부터 기원후 285년까지 로마는 쇠퇴의 시기를 맞이하게 되었다. 전쟁·전염병·출산율 하락 등으로 인한 급격한 인구 감소가 근본적인 원인이었다. 이런 환경으로 인해 경제 상황도 악화되었고, 부족한 비용과 인력 때문에 군대도 약화되었다.

이런 와중에 국가 지도자를 결정하는 제도를 제대로 확립하지 못하면서 로마는 더욱더 무질서와 내란의 소용돌이에 빠지게 되었다. 특히 기원후 235년, 군인 황제인 세베루스 알렉산데르(재위: 222~235)가 군인들의 폭동에 의해 살해되면서, 대혼란과 무질서가 만연하게 되었다. 반세기 동안 무려 스물여섯 명의 황제가 즉위하였는데, 이 가운데 한 명을 제외하고 나머지 황제 모두가 살해되었다.

그렇다보니 통치자는 많았지만 통치는 없었다는 말까지 나오게 되었다. 이런 혼란과 무질서를 수습하고 개혁을 통해 로마의 재편을 시도한 황제가 디오클레티아누스(재위: 284~305)와 콘스탄티누스(재위: 306~337)였다.

디오클레티아누스와 콘스탄티누스가 로마 부흥을 꾀하다

디오클레티아누스는 머리가 좋고 예리한 통찰력을 갖고 있었다. 자신의 강경한 조치에 대한 사람들의 증오를 다른 사람의 탓으로 돌리려 했다. 노년은 살로나에 있는 자신의 저택에서 보냈다. 그는 로마가 건국된 이래로 자진해서 황제에서 물러나 일반 시민으로 돌아갔던 유일한 사람이었다. 이런 사실을 보면 그는 영혼이 성숙한 인물이었다.

-에우트로피우스, 『로마사』

3세기 말 디오클레티아누스가 집권했다. 하급 군인 출신이었던 그는 비상한 군사적 능력을 발휘하여 황제의 권좌에까지 오른 자수성가형 인물이었다. 그는 드넓은 로마 제국을 넷으로 나눠 통치하는 이른바 '사분 통치(Tetrarchy)' 정책을 실시하는 등 혁신적인 개혁을 실시했다.

디오클레티아누스의 노력 이후로 뒤이어 등극한 황제들은 로마 제국을 다시 일으켜 세우기 위해 노력했고, 이로써 제국은 잠시 안정을 되찾은 듯 보였다. 하지만 이런 노력은 결국 황제의 권한과 국가 체제를 유지하는 방향으로만 나아갔다.

전제정의 진전은 관료제가 확대되는 결과를 가져왔다. 또한 군대 개혁은 모반의 가능성을 봉쇄하는 동시에 국경 방위를 강화하는 데 역점을 두었다. 그러나 이러한 군대 개혁은 로마 제국군의 구성원 가운데 '야만족'인 게르만족의 비중을 높이는 결과를 불러왔다.

이에 따라 병력이 증강되고 관료 기구가 확대되어 황실의 재

정에 여유가 없어지자, 경제적인 혼란을 잠재우고 세수입을 확
대하는 일이 가장 중요한 과제였다. 그러나 건전한 시장 경제의
회복 없이 국가가 일방적으로 추진했던 재정 정책은 처음부터
한계가 있었다. 결국엔 국가재정과 화폐제도의 혼란은 더욱 심
해지고, 그 결과로 상품경제의 중심지였던 도시는 점차 황폐해
졌다. 이런 여러 국면에서 현물의 가치가 높아지는 경향이 나타
났다.

콘스탄티누스 대제는 누구인가

황제는 한낮에 하늘에서 승리의 상징인 빛나는 십자가상을 보았
고, 동시에 다음과 같은 소리도 들었다고 전한다. "이 표적으로 승
리를 얻으리라!"

-에우세비우스, 『콘스탄티누스의 삶』

콘스탄티누스 대제는 313년 밀라노 칙령으로 크리스트교를
공인하였다. 기원후 330년에는 새로운 수도 콘스탄티노폴리스를
건설하여 천도하였다. 그는 디오클레티아누스의 개혁을 더 강력
하게 계승하여 '전제군주제'를 확립했다.

두 황제의 개혁으로 로마 제국이 재편되고 3세기의 혼란과 무

질서가 수습되면서 사회는 일단 안정을 찾았다. 그러나 이런 조치만으로는 새로운 발전을 기약할 수 없었다.

영원한 제국 로마는 왜 멸망했는가

로마가 멸망한 원인은 로마 시대 당시부터 지금까지 많은 사람의 관심거리이다. 영국의 에드워드 기번은 『로마 제국 흥망사(The History of the Decline and Fall of the Roman Empire)』에서 로마 멸망의 주된 이유를 기독교의 전파로 설명했다. 비슷한 주장은 로마 멸망 당시부터 있었다.

하지만 단순히 기독교 전파 한 가지로만 로마 제국이 멸망한 이유로 말하기는 어렵다. 어떤 이는 격화된 빈부 격차를, 어떤 이는 토지의 황폐화를 이유로 든다. 또한 로마 말기에 발달했던 강력한 전제군주제나 게르만족의 침입도 자주 이유로 거론되었다.

현대 역사학자들은 고대 말기의 역사를 설명할 때 '쇠퇴'라는 표현을 피한다. 대신에 이전 전통과는 단절되어 새로운 시도들을 해냈고, 이 시도들이 후대에 계승되었다는 점에 주목한다. 그 때문에 고대 말기를 지중해 세계의 '변화기'로 표현한다.

게르만 민족이 계승한 로마 제국이나 비잔티움 제국, 로마 교회는 그리스와 로마 문명이 이룩한 업적에서 많은 요소를 받아들였다. 또한 로마 제국의 법과 질서도 발전시켰다. 476년 서로마 제국은 멸망했지만 서로마 제국의 정치적·종교적·문화적 유산은 이후에도 계속 유지되었다.

03

로마는 현재 우리에게 무엇을 남겼는가

초기 로마 문화에 영향을 주었던 것은 이탈리아 반도 서북부에 있는 에트루리아 지역의 문화였다. 하지만 점차 식민시인 마그나 그라에키아를 통해 그리스의 영향을 받고, 헬레니즘 세계의 정복 과정을 통하여 헬레니즘 문화를 전면적으로 수용하면서 로마 문화 속에 그리스 문화의 영향력이 더해졌다.

그러나 로마인은 단순히 그리스 문화를 계승하고 모방하기만 한 것은 아니었다. 로마는 라틴적인 요소를 그리스 문화에 더해 유럽의 고전 문화를 완성했다.

이러한 고대 문화의 완성과 더불어 로마는 유럽사의 흐름에 중요한 역할을 했다. 독일의 역사학자 랑케는 서양 문명사에 로마가 남긴 독특한 역할을 다음과 같이 요약하고 있다.

"모든 고대사는 호수로 흘러 들어가는 강물처럼 로마의 역사 속으로 흘러 들어갔으며, 모든 근대의 역사는 로마의 역사로부터 다시 흘러나왔다."

다시 말해 로마는 고대 지중해 세계의 문화를 종합하고 중세 이후의 새로운 유럽은 이런 로마의 유산을 바탕으로 발전하였다. 이런 점은 크리스트교의 성장과 발전에서도 드러난다.

라틴어는 서양 언어의 뿌리! 'Docet et Delectat(가르쳐 즐겁게 한다)'

우리나라에서는 모국어인 한국어보다 영어를 잘해야 한다. 영어는 학교·직장·일상에서 실력의 척도가 된 지 오래이다. 서글픈 일이지만 한국에서 영어를 잘하면 선망의 대상이 된다. 그런데 영어라는 언어는 우리말과 너무나 달라서 아무리 배워도 잘 들어오지 않는다. 도대체 영어는 어떻게 생겨난 언어일까?

영어는 여러 언어가 섞여서 만들어졌다. 그중에도 로마 시대의 라틴어가 영어의 주요한 부분을 이루고 있다. 현재 사용되고 있는 영어의 50퍼센트가 라틴어에서 비롯되었다고 한다. 영어 외에도 프랑스어의 85퍼센트, 에스파냐어와 포르투칼어의 90퍼센트 정도가 라틴어에서 유래했다.

이렇게 현대 서양 언어의 뿌리가 되는 라틴어의 알파벳은 그리스어 문자를 바탕으로, 에트루리아인의 철자를 합해 만들어졌다. 원래 라틴어는 이탈리아반도 중서부 라티움 주민의 언어였다. 도시국가였던 로마가 지중해 연안을 정복하고 로마 제국을 건설함에 따라, 라틴어가 서유럽의 공용어가 되었다. 중세를 거치면서 현대 유럽 언어, 특히 프랑스를 비롯한 로망어 형성에 큰 영향을 미쳤다.

특정 국가의 언어가 아니더라도 라틴어는 은연중에 우리 생활 전반에서 자주 쓰인다. '카르페 디엠(Carpe Diem: 인생을 즐겨라)' '유비쿼터스(Ubiquitous: 언제 어디에나 있는)', 작가나 감독의 분신을 뜻하는 '페르소나(Persona)' '비타민(Vitamin)', 물과 관련된 '아쿠아(Aqua)', 자동차 '에쿠스(Equus)', 스포츠 브랜드 '아식스(Asics)' 등이 밖에도 많다.

라틴어 문자가 쓰인 지는 2,500년이 넘는다. 그런 만큼 몇 가지로 시기를 구분하여 발전 단계와 발음 방식을 구분한다. 가장 처음은 기원전 1세기 이전의 라틴어였고, 그다음이 키케로, 세네카(Lucius Annaeus Seneca), 호라티우스, 베르길리우스(Publius Vergilius Maro), 오비디우스(Publius Naso Ovidius) 등의 라틴 문학의 거장들이 활약했던 시대의 고전 라틴어의 시기였다.

기원후로는 서민들까지 사용 계층이 확대되었던 불가타 라틴어(Vulgata Latin: 서민 라틴어)가 등장했다. 기원후 476년 서로마 제국이 멸망하자 서유럽은 불가타 라틴어를 공용어로 삼아, 중세 문화를 부흥시켰다.

르네상스 시대에는 에라스뮈스(Desiderius Erasmus) 등을 중심으로 불가타 라틴어의 발음이나 어법을 고전 라틴어의 발음과 문체로 복원하는 노력이 있었다. 그러면서 고전식 발음이 만들어졌지만, 로망어와 로마 가톨릭교회는 여전히 불가타 발음을 사용하고 가르친다.

최근 들어 죽은 언어로 치부되던 라틴어를 배우려는 사람들이 늘고 있다. 신학이나 철학을 공부하는 게 아니라면 쓸모가 없다고 여겼던 라틴어의 인기가 이렇게 갑자기 높아진 이유는 무엇일까?

여러 가지 이유가 있겠지만, 많은 사람이 미국 대학수학능력시험(SAT)에서 높은 점수를 얻기 위해 라틴어를 배운다. 아니면 '인문학 열풍'으로 서양 예술이나 철학에 관심이 커진 이들이 좀 더 체계적으로 공부하기 위해 라틴어를 찾는 경우도 있다. 교양 수업으로 라틴어 강좌를 개설한 국내 대학들도 많다. 이런저런 이유로 신학·철학·의학·법학 등 라틴어가 많이 쓰이는 학문을 공부하는 학생들뿐만 아니라 일반인 사이에서도 인기이다.

서양의 문화 전통이 녹아 있는 라틴어를 배우는 것은 서구 문화의 뿌리에 직접 접근하기 가장 좋은 길 가운데 하나이다. 라틴어의 논리적 구조를 통해 서구인의 사고방식을 알 수 있다는 점에서 세계화 시대를 살아가는 데 좋은 도구가 될 수 있겠다.

로마 최초의 민법이 정비되다

로마법은 특히 로마가 인류에게 남긴 최대 유산이다. 로마 제국이 도시 국가에서 출발하여 전 지중해 세계를 정복하고 대제국을 만들 수 있었던 것은 짜임새 있는 법과 탁월한 행정력 때문이었다.

로마인은 개인 간의 문제나 공적인 문제를 해결하는 기준으로 법을 발전시켰다. 도시 국가의 관습법을 성문화한 '12표법'이 자세해지면서 로마 시민을 위한 '시민법'이 되었다. 또 이 시민법이 3세기 초반에 '만민법'으로 확대되어 제국의 자유민에게 시민권을 주었고, 로마 시민으로서 정체성을 갖게 하였다.

성문법인 12표법이 제정되기 이전인 기원전 5세기 초까지 로마법은 관습법으로, 모든 재판과 판결은 관행에 따라 운영되었다. 법의 관리와 집행은 귀족 출신 신관의 손에 달려 있었다. 평민들은 여기에 반발하여 누구나 법 내용을 알 수 있도록 성문화하여 공지하라고 요구하였다. 이렇게 해서 12표법이 마련된 것이다.

기원전 451년부터 기원전 449년까지 제정된 로마의 12표법은 로마공화정 역사의 기념비가 되었다. 당시 지중해의 다른 국가에 비해서는 좀 늦었지만, 로마 최초의 민법이 성문법이 된 것이다. 12표법 제정까지 당시 로마에서는 귀족과 평민 사이에 치열한 투쟁이 있었다. 그 때문에 12표법은 이 투쟁에서 평민이 승리한 결과라고 평가되기도 했다. 하지만 최근 들어 12표법이 귀족의 권력을 수호하기 위해 등장한 것이라는 새로운 주장이 나오기도 했다.

12표법은 원판이 없어져 전문이 전해지지 않는다. 그래서 오늘날에는 대략 3분의 2 정도의 내용을 단편적으로만 알 수 있을 뿐이다. 전체를 간략하게 살펴보면, 제1표~제2표 민사소송 절차 · 제3표 채무 · 제4표 부모와 자식 관계 · 제5표 유산 상속 · 제6표 재산 · 제7표 부동산 · 제8표 범죄 · 제9표 국법의 원칙 · 제10표 장례상의 권리 · 제11표 혼인법 · 제12표 벌칙으로 구성되어 있다.

12표법은 그 문체가 고풍스러우면서 간결하고 투박한 것이

특징이다. 법률로서는 명쾌하고 정확하다고 정평이 나 있지만, 원래의 전문이 남아 있지 않기 때문에 후대에 구성된 판본에 따라 서로 다른 여러 체제로 전해진다.

이런 과정을 거치면서 제정된 12표법은 모든 사법과 공법의 원천이라고 찬사를 받고, 이후 로마법 발전의 밑바탕이 되었다. 로마법을 체계화해서 하나의 로마법 대전으로 묶은 것은 유스티니아누스(재위: 527~565) 시기였다.

로마법은 로마 제국 당시에도 제국 질서를 유지하는 중요한 수단이었고, 서로마 제국이 해체된 이후에도 중세 유럽에서 그 실용성을 인정받았다. 중세 유럽인은 로마법을 연구해서 이것을 교회·도시·장원에서 적용했다. 이후 로마법은 서양 근대국가 건설의 토대가 되었고, 20세기에 로마법을 이어받은 독일법이 일본을 통해 우리에게까지 영향을 주었다.

로마 건축을 어떻게 보고 이해할 것인가

어느 곳을 여행하든, 건축물에 대한 사전 지식은 여행의 경험을 더 풍부하게 해준다. 아직까지도 많은 고대 건축물이 남아 있는 로마에서 여행한다면 말할 것도 없을 것이다. 로마에서는 심지어 2,000년 전에 만든 비아 아피아(Via Appia: 아피우스 도로)의 일부를 지금까지 사용하고 있을 정도이니 말이다. 오늘날 지어진 건물들로 가득한 현대의 도심에서도 크고 작은 건축물 사고가 끊이지 않는데, 오랜 세월 굳건히 자리를 지키고 있는 로마의 견고한 건축물을 보고 있노라면 놀랍기만 하다.

'모든 길은 로마로 통한다'는 격언처럼 로마는 도로망을 건설하여 제국의 통일을 유지하려고 했다. 이 밖에도 상하수도·목욕탕·원형극장·경기장 등을 건설하여 시민들에게 복지를 제공했다. 앞에서 열거한 건축물들에서도 보이듯 로마 문화의 대표적 특징이라 할 수 있는 실용성이 로마 건축에서도 매우 잘 드러난다.

로마가 건축사에 남긴 업적은 땅 위에 세워진 건물에만 머무르지 않았다. '건축의 아버지'라고 불리는 비트루비우스(Marcus Vitruvius Pollio)의 『건축론(De Architectra Libri Decem)』은 현존하는 건축서 가운데 고대는 물론 르네상스 시대부터 현대까지도 고대 건축에 관한 최고의 권위서로 인정받고 있다.

『건축론』을 근거로 추정해보면 비트루비우스는 기원전 80년경에 로마의 자유민으로 태어나 카이사르 시대와 아우구스투스 시대에 걸쳐서 활동한 건축가이자 군 기술자였다. 어려서부터 폭넓은 인문 교육과 심도 있는 전문 교육을 받은 그는 건축을 비롯한 과학 기술에도 상당한 조예가 있었다.

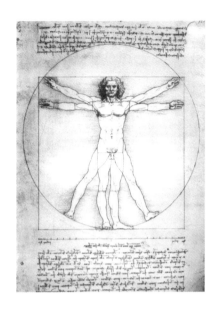

- **레오나르도 다 빈치의「인체비례도」**
  레오나르도 다 빈치가 그린 이 그림은 비트루비우스의『건축론』중 제3장의 내용을 바탕으로 그려진 그림이다.

비트루비우스가『건축론』에서 다루고 있는 내용은 좁은 의미의 순수 건축은 물론이고 토목·공병·기계류를 포함한 넓은 의미로 오늘날 건설 부문에 해당한다. 책 속에 설명된 건축 조형과 기술 차원 등 다양한 내용 중 일부는 경험을 토대를 서술한 것이나, 순수 이론 부분은 대개 헤르모게네스(Hermogenes)와 같은 고대 그리스 건축가들의 문헌과 학설을 인용·발췌한 것이었다.

이처럼『건축론』은 건축에 대한 안내서라기보다는 건축 전문

서로서 지금까지 고대 건축에 관한 가장 중요한 문헌으로 또 하나의 로마 건축 유산이라 할 수 있겠다.

로마 건축의 꽃, 상수도

괴테는 이탈리아 여행 중에 상수도 유적에 대하여 각별한 관심을 보였다.

오늘은 물의 요정인 에게리아의 궁전, 수정궁에 방문하였다. ……
이곳 사람들은 영원히 사라지지 않을 건물을 만든 것이다. 이들은
망나니 같은 파괴자만의 존재를 빼고는 모든 것을 계산에 넣었다.
파괴자들 앞에서는 어떤 것도 부서지지 않고 버틸 수 없을 것이
다. 나는 진심으로 사람들이 이곳에 와보았으면 좋겠다고 생각했
다. 폐허가 된 대상수도교를 보았다. 이렇게 거대한 시설을 통하
여 시민에게 물을 공급한 것은 얼마나 아름답고 위대한 계획인가!

-괴테, 『이탈리아 여행기』

상수도야말로 로마 문화의 실용적 특징을 잘 보여주는 로마
건축의 꽃이라고 할 수 있다. 기원전 312년에서 기원후 226년
사이에 도시 로마에는 열한 개의 상수도가 건설되었다. 『로마

• **로마의 상수도 아쿠아 클라우디아**(Aqua Claudia)
　로마의 물 공급은 고대 물 공급의 전범(典範)이 되었고 서양 고대는 물론 중세, 그리고 현재까지도 영향을 미쳤다.

상수도론(De Aquis Urbis Romae)』을 집필한 프론티누스(Sextus Julius Frentinus)가 기록한 상수도는 아홉 개였고, 이 가운데 다섯 개 상수도는 공화정 시기에 건설되었다.

　도시 로마는 '물의 도시'라는 별칭이 있을 정도로 물이 풍부한 도시였다. 그런데도 로마 원수정 초기에 로마의 인구가 100만 명에 육박할 정도로 인구가 많았기에, 효율적인 물 공급은 시급하고 중요한 사업이었다. 그렇기 때문에 많은 양의 물을 안정적으로 공급할 수 있는 체계적인 급수 시설이 고안되었다. 이것이 공화정기에 마련된 상수도 시설이다. 상수도 설치는 시민의 일상 생활에도 긍정적인 영향을 미쳤고, 정권의 안정에도 일정 정도 이바지할 수 있었다. 로마의 급수 제도는 원수정 체제 성립기는 물론 이후 300년 동안 계속된 '로마의 평화기'를 지나 중세까지도 영향을 미쳤다.

원수정을 확립한 아우구스투스에 의해 대제국으로 발전한 로마는 효율성을 위해 행정 제도를 개혁해야만 했다. 제국의 수도인 로마 역시 찬가지였다. 그중에서도 급수 문제를 효율적으로 해결하는 것이 매우 중요했고, 고도의 지식과 기술이 필요한 관료들이 동원되었다.

이런 과정을 통해 정착된 로마의 급수 제도는 원수정 체제 성립기부터 중세까지도 영향을 미쳤다. 그런 결과물이었기에 지금까지도 남아 인구에 회자되는 것이 아닐까.

크리스트교는 어떻게 로마에 정착했을까

원래 로마인은 자연의 힘을 신격화해 신으로 섬기는 다신교적 민족이었다. 이런 배경 때문인지 처음에는 크리스트교가 별로 인기를 얻지 못했다. 그러나 제정 말기에 이르면 로마인은 정신적인 공허와 종교에 대한 갈등에 시달렸다. 이런 심리 상태가 크

- 판테온(외부)

  판테온(만신전)은 기원전 27년에 아그리파가 만든 것을 기원후 80년의 화재 이후, 기원후 118~128년에
  하드리아누스 황제가 재건하여 지금의 모습이 되었다. 현존하는 로마 건축물 가운데 오래된 것 중 하나
  인데도 원형을 잘 간직하고 있다.

- 판테온(내부)

  판테온 내부의 천장은 원형의 돔을 이루고 있는데, 이는 천국(하늘)을 상징한다고 한다. 돔의 꼭대기에 뚫
  린 지름 8.3미터의 원형 구멍을 통해 들어오는 햇빛은 판테온 내부를 환하게 밝히면서 신성한 분위기를
  자아낸다.

리스트교 성장의 한 기반이 되었다.

크리스트교 신자들은 점차 늘어났고, 이들은 황제 숭배와 병역을 거부했다. 로마는 이들을 박해하기 시작했지만, 심한 탄압에도 불구하고 교세는 계속 확장되었다. 교세가 커지면서 교회 조직도 장로·주교·대주교·수좌대주교·교황 등으로 세분되었는데, 이것은 로마 제국의 행정조직을 본받은 것이었다.

한편 교회는 초창기부터 각종 이단과 싸워야 했다. 기원후 2세기에 나타난 영지주의(gnosticism)는 그중에서도 최초의 유력한 이단이었다. 이들은 선한 영적 세계와 악한 물질세계를 엄격히 구분하고 오직 영지(gnosis)에 의해서만 신에 도달할 수 있다고 주장하며 크리스트교 교리의 핵심을 부정했다.

4세기경 아리우스파라는 이단은 영지주의보다 더 극단적으로 크리스트교에 반하는 입장을 보였다. 여기에 반박한 아타나시우스(Athanasius)는 삼위일체를 주장했다. 콘스탄티누스 대제는 기원후 325년 니케아 공의회에서 아타나시우스의 삼위일체를 채택하였다. 결국 크리스트교는 기원후 313년 콘스탄티누스의 공인을 받았고, 테오도시우스(재위: 379~395) 황제 때에는 로마의 국교가 되었다.

04

고대 교육은 어떻게 이루어졌을까

교육은 국가의 백년대계라고 한다. 교육이 그만큼 중요하다는 말이다. 그런데 우리 교육은 어떠한가? 서양 고대 교육을 살펴보면서 현재 우리 교육의 미래를 생각해보자.

고대 그리스와 헬레니즘 시대 교육은 어떻게 이루어졌을까

암흑 시대를 지나 기원전 8세기 호메로스 시대부터는 일곱 살 이상의 어린이들을 대상으로 교육을 실시했다는 단서들을 찾을 수 있다. 하지만 아직은 체계적이거나 집단적인 것은 아니었다. 이 시기까지는 어린이 교육뿐 아니라 고등교육까지 주로 호메로스의 서사시를 교재로 하고 있었다.

그러나 기원전 6세기 솔론의 법 제정으로 아테네의 어린이들은 문자를 배우게 되었고, 기원전 5세기 후반이 되면 기초적인 문자 교육과 더불어 귀족에게만 허용되었던 스포츠와 음악이 공통적인 교육의 내용이 되었다. 이런 결과로 아테네 시민은 자신이 사는 도시의 법을 읽고, 전통에 대해 비판적인 태도를 보일 수 있게 되었다. 더 이상 아테네 시민에게 구두로 법의 내용을 조작하던 귀족 집단의 수법은 통하지 않았다.

기원전 5세기경에 나타난 수사학의 변화 역시 교육과 사회에 큰 영향을 미쳤다. 수사학 이론 체계는 소피스트들에 의해 더욱 발전한다. 소피스트들은 델로스 동맹 이후 부강해진 아테네로 몰려들었다. 이 당시는 아테네가 가장 번영했던 시기로, 지식과 예술·사회와 정치 각 분야에서 혁신이 일어났기 때문이다. 이곳에서 소피스트들이 발휘한 영향력도 상당했다.

하지만 저작이 거의 남아 있지 않은데다, 플라톤·아리스토텔레스 등 당대 유명 지식인의 비방으로 소피스트는 여러모로 저평가되고 폄하되었다. 그러나 사실 소피스트들은 아테네의 민주정이 가장 번영했던 시기에 아테네 사회를 이끌었던 정신적인 지주였다.

소피스트들은 수사학·철학·사회 과학·자연 과학 등 넓은 분야의 중·고등 교육 최초의 직업 교육가로서 고전 시대 100년간 활약하며 그리스 지성사에서 중요한 위치를 점하고 있었다. 하지만 이들의 전성기도 오래가지 않았다. 많은 아테네인은 27년간 이어진 펠로폰네소스 전쟁의 책임을 소피스트의 가르침으로 돌렸다. 기원전 399년, 사형을 언도받은 소크라테스의 비극도 이와 무관하지 않을 것이다.

기원전 4세기에 오면 아테네 교육은 전적으로 전문화된다. 중등교육을 마친 열다섯 살 이상의 청소년들이 전문적인 교사들과 교육 과정을 갖춘 학교에서 수사학을 중심으로 교육을 받게 되었다.

헬레니즘 시대가 되면 이전 시대와는 다른 제도와 내용이 등장한다. 기원전 1세기부터는 문법 책이 쓰여 어린이들도 문법을 배울 수 있게 되었다. 청소년들을 위한 교육 과정에는 에페베이아(ephebeia)라는 제도가 과정에 추가되었다. 이 기간에 청소년들은 막사에서 신체를 단련하고 무기 사용법을 배우며 의무 복무 기간을 가졌다. 하지만 복무 기간은 점차 줄어들고, 에페베이아는 철학·문학·수사학 등의 지적인 훈련을 하는 교육 기관으로 자리 잡게 되었다.

그리스 문화의 영향을 받은 로마 교육은 어떻게 이루어졌는가

로마 초기에는 부모가 어린이 교육의 주체였다. 이런 교육의 목적은 어린이들에게 로마의 생활 방식과 전통적인 관습을 전하는 '로마 시민 만들기'였다.

일곱 살까지는 주로 어머니로부터 교육을 받았다. 어머니는 로마의 미덕을 묘사하는 로마의 전설과 역사의 이야기로 로마에 대한 존경심을 갖도록 가르쳤다. 또한 라틴어와 약간의 그리스어도 가르쳤다.

일곱 살 이후로는 아버지가 아이의 스승이 되었다. 대부분의 초기 로마인이 농부였기 때문에 어린이는 농지에서 아버지를 돕거나 토론과 종교의식에 참가했다. 아버지의 교육은 아이에게

• **그리스의 교육 장면**
  기원전 5세기경에 잔에 그려진 그림이다. 학생들은 수금을 연주하고, 파피루스에 적힌 글을 읽고, 악기에 맞추어 노래하고, 밀랍 서판에 글을 쓰는 연습을 한다.

권력자와 성직자에 대한 존경·희생정신과 자기 절제·사회에 대한 봉사심 등 전형적인 로마의 미덕과 가족적인 전통의 가치에 대한 것이었다. 집안에 대리석으로 된 선조의 조각상을 모시는 전통도 이런 맥락에서였다.

열여섯 살에 치러지는 성인식 이후에야 비로소 부모가 아닌 가족의 친구나 저명인사의 도제가 되어 교육을 받았다. 상류층의 경우에는 법정 변호사나 정치인이 되기 위해 주로 연설을 연마했다.

그러나 기원전 2세기 중엽에 이러한 교육의 전통이 끊긴다. 게다가 기원전 264년부터 기원전 133년까지의 정복 전쟁 기간에는 많은 노예가 전쟁 포로가 되어 이탈리아로 유입되었다. 특히 그리스어권인 동방 출신의 몇몇 노예는 주인인 로마인보다도 높은 교육 수준과 교양을 갖추고 있었다.

로마는 그리스 문화와의 지속적인 접촉을 가지며 점차 그리스인의 교육 이론 사상에 영향을 받기 시작했다. 로마인은 정복자로서 피정복민인 그리스인보다 더 교양을 갖추기 위해 그리스의 교육 관습을 모방하려고 애썼다. 그 결과로 그리스의 교육법과 교사를 갖춘 학교가 생겨났고 젊은 로마인은 여기에서 교육받기 시작하였다. 그리하여 기원전 2세기 이후에는 학교에 보내기 전까지는 그리스인 가정교사나 하인을 고용해 단순한 글 읽기를 가르치기노 했다.

기원전 1세기 중엽까지 로마의 학교에서는 그리스의 문학을 주로 가르쳤다. 이 때문에 키케로의 시대까지 교육받은 로마인 상류층은 대부분 그리스와 로마의 언어를 모두 구사했다. 하지만 키케로의 시대 이후 라틴 문학이 발달하면서 그리스의 문학 교육은 점차 사라졌고, 두 언어를 구사하는 문화도 사라져갔다.

로마는 그리스 교육의 영향을 받기 이전부터 암기와 모방을 가장 중요하게 평가했고, 그리스의 영향을 받은 이후에도 이런 풍토는 바뀌지 않았다. 중점적으로 가르치는 과목에 차이가 있었던 것이다. 그리스로부터 빌려온 중등 교육과정 가운데 음악·무용·체육은 과정에서 사라졌다. 또 철학이나 역사보다는 실용성에 초점을 맞춰 수사학을 집중적으로 교육했다.

기본적으로 로마인은 일상생활에서 연설을 할 일이 많았다. 민회나 원로원에서 하는 정치 연설부터 고발이나 변호를 위한 법정 연설과 같은 공식적인 연설은 기본이었다. 결혼식과 장례식 같은 사적인 모임에서도 연설은 필수였다. 그렇기 때문에 로마의 젊은이들에게 수사학은 절실하게 필요한 과목이었다. 이런 이유로 수사학 교육은 좀 더 강화되었다.

05

독일의 역사학자 몸젠,
평생 로마사 연구에 헌신하다

『로마사(*Römische Geschichte*)』(1854)를 쓴 독일의 역사학자 몸젠은
로마사 연구의 기반을 다진 역사학자였다. 그는 이 책을 통해 로
마사를 정리하였을 뿐만 아니라 이후 학문 발전에도 많은 영향
을 주었다.

역사 연구로 노벨 문학상을 받다

대중에게 몸젠은 1902년 제2회 노벨 문학상 수상자로서 더 잘
알려졌다. 노벨 위원회는 '몸젠이 역사학의 새로운 기틀을 마련
하였으며 로마사 연구를 통해 이상적인 공화국의 행태가 무엇인

지, 이상적인 국가 발전의 모습은 어떤 것인지 현대인에게 고민할 기회를 부여했다는 점'을 높이 평가하였다. 역사학자인 몸젠의 노벨 문학상 수상은 당시 큰 화제이자 논란거리였다.

몸젠의 저작을 직접 읽어보면 보통 기대하는 노벨 문학상 수상작들과는 달리 쉽게 읽기 어려울지도 모르겠다. 하지만 몸젠의 저작이 가진 의미는 역사 연구를 통한 유럽 중심의 문화에 대한 반성에 있었다. 유럽 사회는 스스로를 다른 인종들보다 우월한 존재로 여겨왔고, 그 바탕이 그리스-로마·르네상스·계몽주의로 이어지는 역사와 문화를 신성시하는 태도였다.

하지만 몸젠은 기존의 로마사를 신성시하는 기존 역사학의 관점이 로마사를 보통 사람들의 역사가 아닌 제국주의와 계급주의를 위한 도구로 만들었다며 비판했다. 이런 견해는 20세기 초 유럽 사회의 성찰을 불러오며 새로운 사회 문화 형성에 큰 영향을 주었다.

평생을 바친 연구로 역사학계의 큰 산이 되다

19세기에 활동했던 영국의 역사학자 구치(G.P. Gooch)는 서양 사학사에 탁월한 두각을 보인 두 명의 학자들을 언급했다. 고대사 분야의 몸젠, 근대사 분야의 랑케가 바로 그들이었다. 구치는 이 두 대가를 서양사학사라는 산맥 위에 솟은 두 개의 산봉우리에 비유했다. 19세기 독일의 역사 연구는 역사 서술에 대한 비평에 집중하고 있었고, 그 대표 격인 연구가 몸젠의 『로마사』였던 것이다.

몸젠이 연구한 초기 로마사는 로물루스가 로마를 건국한 기원전 753년부터 포에니전쟁이 발발하는 기원전 264년까지의 역사를 말한다. 하지만 이 시대를 기록한 정통 역사서로는 리비우스

(Titus Livius Patavinus)의 『도시의 건설로부터(Ab Urbe Condita)』가 유일했다. 따라서 초기 로마의 사료가 믿을 만한 것인가 하는 문제는, 초기 로마 시대를 역사로 인정할 수 있느냐 아니냐 하는 중대한 사안이 되는 셈이었다.

기존 역사학자들과는 달리 몸젠은 『도시의 건설로부터』에 나오는 초기 로마에 관한 내용 가운데 유일하게 인정할 수 있는 것은 왕정이 존재했다는 사실뿐이라고 보았다. 그러면서 다소 과격한 어조로 고대사 연구자들이 사료를 대하는 태도에 대해 질책했다.

대신에 몸젠은 부족한 문헌 사료를 보충하기 위해 문헌 대신 고고학과 금석학의 연구 성과와 골동품 수집가, 사전 편찬가의 저작 속에 흩어져 있는 역사적 사실들을 활용했다. 또 언어·사회·정치·종교·법 제도 등 다양한 분야의 간접적인 증거와 로마 주변에 여러 도시에 대한 인류학적 연구를 비교 분석했다.

이런 폭넓은 연구에 대해 일부 학자들은 너무 지나치고 자의적인 해석이 많다고 비판하기도 했다. 하지만 몸젠의 연구는 초기 로마사 연구와 사료가 부족한 다른 고대사 연구에 대안을 제시했다는 점에서 혁신적이었다.

로마법을 고대 로마 사회와 연결하여 역사학적 관점에서 해석하다

고고학의 권위자이기도 했던 몸젠은 1848년부터 10년 동안 로마법을 연구했다. 기존의 로마법 연구들이 구전되는 내용을 그저 묶은 것에 불과했다면, 그는 유적지에서 발견되는 각종 유물을 바탕으로 로마법을 실증적으로 분석했으며 신화로 묘사된 고대 인간의 삶을 해체하고 고대의 실제 생활을 밝히려 했다.

몸젠은 30년 동안 고대 로마 유적지에서 조각조각 발견된 법률 조항을 일일이 수집하고 해석한 뒤 다시 체계적으로 재배열했다. 이렇게 복원해낸 로마법을 고대 로마 사회와 연결하여 역사학적 관점에서 분석하고 법 집행의 실제 과정을 추적하였다.

그가 이렇게 로마법에 집착한 이유는 이것이 당시 사람들의 일상생활을 이해하는 중요한 열쇠라고 생각했기 때문이다. 또한 몸젠은 로마 역사와 법 연구를 바탕으로 뿌리 깊었던 로마 사회의 신성화와 계급주의를 극복하고 새로운 공화국이 건설되기를 바랐다.

몸젠의 이런 연구는 단지 과거의 기록에서 그치지 않고 자신의 조국인 독일의 미래를 위한 기반이 되었다. 독일을 통일할 강력한 정치 지도자를 원했던 국민적 열망은 몸젠으로 하여금 키케로를 힘없고 창백한 지식인 요설가로, 카이사르를 위대한 정치가로 그 위상을 바꾸도록 했다. 그러나 그의 연구가 로마 공화정을 중심으로 이루어져 로마사 전체를 다루지 못한 한계도 있었다.

이와 같이 서구의 학계에서 몸젠의 명성은 대단히 높다. 하지만 아직까지도 우리말로 된 연구는 허승일 교수의 선구적인 성과를 제외하고는 많지 않다. 2013년에 국내에서 출간된 『몸젠의 로마사 제1권—로마 왕정의 철폐까지』 등의 책을 살펴보는 것도 도움이 될 것이다.

그리스 교육자이자 철학자 이소크라테스

우리는 그리스의 철학자를 그저 일상과는 동떨어진 생각과 논쟁을 일삼는 사람들로 아는 경향이 있다. 하지만 이들은 교육자이기도 했다. 여기에서는 철학자보다 교육자에 방점을 두고 이소크라테스를 알아보자. 서양 고대 교육의 단면을 살펴보고 우리 교육의 개선 방향을 생각해보자.

이소크라테스(Isokrates)는 기원전 390년대 후반 개인 건물에 학교를 설립하여 경영했다. 약 100여 명의 학생이 비싼 수업료를 지불하고 3년 또는 4년의 과정을 배웠다. 그는 위대한 수사학 교사로서 실생활과 무관한 이론적인 논쟁을 일삼는 모든 학자들을 비판했다. 소피스트들의 논쟁술과 플라톤의 사변적인 논구도 비판의 대상으로 삼았다.

그는 현실적인 삶을 살아가는 데 유용한 실용적인 지식을 추구하는 것이 가정과 국가를 현명하게 운용할 수 있는 능력을 제공하는 훈련이라고 믿었다. 또한 수사학이 시민의 덕과 밀접하게 연관시킬 것을 요구하는 소크라테스의 후계자를 자처했다. 동시에 과거에 대한 거대한 이상들을 구체적으로 표현하는 역사와 문학이 훌륭한 연설가와 시민을 만든다고 생각했다.

이소크라테스는 그리스가 지닌 문제의 핵심을 '빈곤'으로 보았다. 그리하여 식민지 획득의 필요성을 계속 강조했다. 이 흔들림 없는 신념으로, 동시대인인 플라톤과 아리스토텔레스가 거부한 상식에 따랐던 인물이다. 그는 아시아가 그리스의 식민지가 되어야 한다는 범그리스주의를 주장하다가, 카이로네이아 전투로 그리스가 패배해, 필리포스 2세(알렉산드로스 대왕의 아버지)가 지배자가 되자, 절망에 빠져 스스로 굶어죽었다(기원전 338).

그는 일생을 통해 철학자였고 다수의 연설문을 많이 남겼지만, 목소리에 자신감이 없어 교육에 관심을 돌려 많은 제자를 키워냈다. 주로 비싼 수업료를 낼 여유가 있는 이들이 공적 생활을 성공적으로 해낼 수 있는 교육에 힘썼다. 대표적인 제자로는 아테네의 장군 티모테우스와, 키프로스 살라미스의 통치자 니코클레스, 그리스 역사가 에포로스, 테오폼포스 등이 있다.

그리스 알파벳이 등장하자
지적 혁명이 일어났다

그리스인은 새로운 문자를 사용하면서 자신의 생각을 정확하게 표현할 수 있는 수단을 얻었고, 그래서 새로운 문화를 발전시킬 능력을 갖출 수 있게 되었다. 더욱이 청동기 시대와 달리 문자가 전문 서기에서 일반인에게 전해졌다는 의미에서 민주정을 마련하는 계기가 되었다. 기원전 9세기~기원전 8세기에 이르면 암흑시대는 끝나고 폴리스가 나타난다. 새로운 시대, 고전기가 시작된 것이다.

알파벳의 사용으로 지식의 대중화가 가능해졌다. 그때까지만 해도 문자는 성직자나 귀족 등 소수 엘리트의 전유물이었다. 그러나 그리스인은 스물네 개의 알파벳만 알고 있으면 사물과 추상적 관념을 자유롭게 표현할 수 있었다. 알파벳의 사용은 지식을 대중화시킨 혁명이었다.

더욱이 알파벳의 사용으로 인해 기원전 5세기~기원전 4세기 그리스 지식인은 문학·역사·철학의 고전을 문자로 기록할 수 있게 되었다. 오늘날 서양 문명의 많은 부분이 가능한 이유는 알파벳 덕이라 해도 과언이 아니다.

서양 고대사는 우리에게 어떤 의미인가

이 책 「머리말」에 있는 키케로의 "역사란 시대의 증인이고, 진리의 빛이며, 기억의 토대이고, 삶의 스승이며, 옛 세계의 소식 전달자이다"라는 말을 떠올려보자. 나는 이런 역사의 의미를 잘 찾아볼 수 있는 시대가 바로 고대사라고 생각한다. 현대 사회는 부분적으로 고대로부터 발전해왔다. 지금 우리가 직면한 문제들도 고대사에 벌써 풀이와 답이 나와 있는 것도 이 때문일 것이다.

시간으로는 고대, 장소로는 지중해 지역을 다룬 서양 고대사가 아직도 남의 이야기처럼 느껴질지도 모르겠다. 어느 시대, 어느 지역의 고대사도 마찬가지이지만, 서양 고대사의 중요한 점은 여러 분야에서 인간들이 겪은 대부분의 경험들을 후대인이 간접적으로 접할 수 있게 해준다는 것이다.

앞선 내용에서 보았듯 고대의 신화·사상·학문·정치·법률은 시간과 공간을 초월하고 있다. 에게 문명의 세속적이고 현세적인 종교관과 생활관은 고대 그리스와 로마에 영향을 미쳤다. 그리스의 신화는 수많은 문학과 예술에 영감을 주었고, 고대 문학과 철학은 현대까지도 큰 영향을 미치고 있다. 아테네 민주정과 스파르타의 공교육 제도는 현대의 보편적인 제도들이 되었다. 헬레니즘 그리스 문화를 로마에 전달했고, 로마는 고대 문화를 종합하고 크리스트교의 성장 기반이 된 동시에 현재 유럽 문화의 산파가 되었다.

인류사라는 관점에서 서양 고대사는 남의 역사가 아니라 우리의 역사이다. 21세기는 지구촌 사회이다. 그렇기 때문에 우리에게도 세계시민으로서의 보편 가치를 추구하며 조화와 공존의 길을 모색하는 태도가 절실하게 필요하다. 국제 사회를 이해하고 인류가 함께 발전할 수 있는 기초가 세계사 이해에 있다는 것도 바로 이런 이유에서이다.

2018년 4월

김칠성

참고도서

1. 국내서적

강철구, 『강철구의 우리 눈으로 보는 세계사』, 용의숲, 2009.

김경현, 『콘스탄티누스 황제와 기독교』, 세창출판사, 2017.

김덕수, 『그리스와 로마 — 지중해의 라이벌』, 살림, 2004.

김덕수, 『아우구스투스의 원수정 — 로마공화정에서 제정으로』, 길, 2013.

김덕수, 『로마와 그리스도교』, 홍성사, 2017.

김봉철, 『영원한 도시 아테네』, 청년사, 2002.

김진경, 『고대 그리스의 영광과 몰락』, 안티쿠스, 2009.

김창성, 『사료로 읽는 서양사 1 고대편』, 길, 2014.

김호연, 『그리스 로마의 문화유산』, 울산대학교출판부, 2012.

맥세계사편찬위원회, 『맥을 잡아주는 세계사 1: 그리스사』, 느낌이있는책, 2014.

박상진, 『지중해, 문명의 바다를 가다』, 한길사, 2005.

성염, 『라틴어 첫걸음』, 경세원, 2002.

신상화, 『로마: 물의 도시, 돌의 도시, 영원의 도시』, 청년사, 2004.

안희돈, 『네로 황제 연구』, 다락방, 2004.

정기문, 『크리스트교의 탄생: 역사학의 눈으로 본 원시 크리스트교의 역사』,

길, 2016.

조인형 편역, 『사진과 함께 보는 서양고대사』, 강원대학교출판부, 1996.

진원숙, 『지중해 문화사 이야기 (상)』, 노벨미디어, 2003.

차전환, 『로마 제국과 그리스 문화: 헬레니즘의 수용과 변용』, 길, 2016.

최자영, 『고대 그리스 법제사』, 아카넷, 2007.

한국서양고대역사문화학회, 『아우구스투스 연구: 로마 제국 초대 황제, 그의

시대와 업적』, 책과함께, 2016.

허승일, 『로마사 입문 ― 공화정편』, 서울대학교출판부, 1993.

허승일, 『로마 공화정 연구』, 서울대학교출판부, 1995.

허승일 외, 『로마 제정사 연구』, 서울대학교출판부, 2000.

허승일 외, 『인물로 보는 서양고대사』, 길, 2006.

허창덕, 『중급 라틴어』, 가톨릭대학교출판부, 1994.

2. 번역서적

레베니히, 슈테판, 최철 옮김, 『누구나 알아야 할 서양 고대 101가지 이야기』,

플래닛미디어, 2006.

로빈슨, 앤드류, 박재욱 옮김, 『문자 이야기 ― 고대부터 현대까지 명멸한 문자

들의 수수께끼』, 사계절, 2003.

로빈슨, 앤드루, 최효은 옮김, 『로스트 랭귀지』, 이시북, 2007.

블로와, 루카 드·스펙, 로바르테스 반 데어, 윤진 옮김, 『서양 고대문명의 역
　사』, 다락방, 2003.

채드윅, 존, 김운한·김형주 옮김, 『선형문자 B의 세계 — 문자로 살펴본 고대
　그리스 문명의 발자취』, 사람과책, 2012.

하이켈하임, 프리츠 M., 김덕수 옮김, 『하이켈하임 로마사』, 현대지성사, 2017.

3. 논문

김칠성, 「고등학교 세계사 교육의 문제와 교과서 서술의 개선 방안 모색」, *The*
　SNU Journal of Education Research, Vol.26, No.1, 2017.

김칠성, 「(서평)『몸젠의 로마사 제1권: 로마 왕정의 철폐까지』 읽기」, 『서양고
　대사연구』, 제47집, 2016.

김칠성, 「프린키파투스 체제 성립기의 로마 급수 정책 연구」, 서울대학교 박사
　학위 논문, 2012.

허승일, 「서양 고대 그리스 로마 세계의 인성 교육」, 『서울대학교사범대학 논
　총』, Vol.68, 2004.

허승일, 「12표법 Das Zwölftafelgesetz. Leges XII tabularum」, 『지중해연구』,
　제19권, 제3호, 2017.

4. 기타

(미출간)김덕수 엮음, 그리스답사자료집,『신화와 역사가 살아 숨쉬는 서양 문

　　명의 요람 — 그리스로 가자』, 2010.

연표

시기	내용
기원전 2700~1100	미노스 문명.
1200~750	암흑 시대.
1184	트로이 멸망.
1100	그리스 철기 도입, 미케네 문명 파괴.
900~600	그리스 왕정에서 귀족정으로 변모.
800	스파르타, 라코니아 정복하고 메세니아 해안에 식민시 건설.
776	제1회 올림픽 경기 개최.
760~550	그리스 식민시 건설.
753~716	로물루스 재위.
700	아테네 집주 완성.
594	솔론의 입법.
509	로마 공화정 시작.
508	클레이스테네스, 부족제 개편 단행.
490	페르시아의 제1차 그리스 침입, 마라톤에서 패배.
487	도편추방제 최초 시행.
481	스파르타 주도의 그리스 동맹 결성.
478	펠로폰네소스 동맹 철수, 델로스 동맹 결성.
460~445	제1차 펠로폰네소스 전쟁.

시기	내용
447	파르테논 신전 건축 시공(완공: 기원전 432).
443	페리클레스 집권(사망: 기원전 429).
431	제2차 펠로폰네소스 전쟁.
336~323	알렉산드로스 대왕 재위.
264~241	제1차 포에니 전쟁.
218~201	제2차 포에니 전쟁.
149~146	제3차 포에니 전쟁으로 카르타고 멸망.
133	티베리우스 그라쿠스, 호민관 취임 후 농지법 제정하였으나 피살.
123	가이우스 그라쿠스, 호민관 취임 후 곡물법 제정.
121	가이우스 그라쿠스 자살.
73~71	스파르타쿠스 노예 반란.
31	악티움 해전.
27	옥타비아누스, 일곱 번째 콘술 취임. 원로원이 아우구스투스 칭호 부여.
기원전 27~기원후 14	아우구스투스의 원수정.
284~305	디오클레티아누스 재위.
96~180	오현제 시대.
305~337	콘스탄티누스 대제 재위.
313	크리스트교 공인.
476	서로마 제국 황제가 게르만인 용병대장 오도아케르에 의해 폐위. 서로마 멸망.

생각하는 힘-세계사컬렉션 03

에게·그리스문명·로마제국
지중해 세계, '오래된 미래'를 찾아서

펴낸날	초판 1쇄 2018년 5월 15일

지은이	김칠성
펴낸이	심만수
펴낸곳	(주)살림출판사
출판등록	1989년 11월 1일 제9-210호

주소	경기도 파주시 광인사길 30
전화	031-955-1350 팩스 031-624-1356
홈페이지	http://www.sallimbooks.com
이메일	book@sallimbooks.com

ISBN	978-89-522-3847-4 04900
	978-89-522-3910-5 04900(세트)

이 도서의 국립중앙도서관 출판예정도서목록(CIP)은 서지정보유통지원시스템 홈페이지
(http://seoji.nl.go.kr)와 국가자료종합목록시스템(http://www.nl.go.kr/kolisnet)에서
이용하실 수 있습니다.(CIP제어번호: CIP2018004660)

책임편집·교정교열 **박일귀 김지은**   지도 일러스트 **김태욱**